LETTRES D'AMÉRIQUE D'AFRIQUE ET D'AILLEURS

l'àpart
éditions

Une marque de Fabrica Libri

Paul SALMON

LETTRES D'AMÉRIQUE D'AFRIQUE ET D'AILLEURS

l'àpart
éditions

PREMIÈRE PARTIE

NON-STOP EN STOP
suivi de
L'AMÉRIQUE... SANS FRIC !
1965-1966

Merci à ma mère d'avoir conservé
si soigneusement toutes ces lettres
dans le « placard d'en haut »,
et à mon père de les avoir retrouvées
des années plus tard.

Le voyage et le monde ont toujours habité ma vie. Il me semble que l'enfant qui grimpait, les yeux déjà écarquillés, dans la traction de Papa en route pour les vacances, vit encore en moi. Que c'est lui qui a pris la route pour les États-Unis en 1965, et qui est reparti l'année suivante.

Dans voyager, il y a trouver son chemin, en ouvrir pour les autres, mûrir au fil des rencontres, vivre avec l'acuité décuplée de l'étranger pour qui tout est important.

Les lettres qui suivent conservent quelques mots de cette vie-là. Telle était leur vocation : partager, faire savoir le plus vite possible ce que je vivais, voyais, entendais… La somme d'émotions, de découvertes contenues dans une journée, je ne pouvais les garder pour moi seul. Au journal de bord, je préférais donc le courrier. C'était aussi un moyen de me rapprocher des autres - mes parents, ma famille -, de les installer à mes côtés pour quelques instants. Et de les remercier de m'avoir permis ces voyages.

Avec le recul des années, j'ai trouvé dommage de conserver ces textes dans leur confidentialité restrictive, dommage de ne pas les faire vivre auprès d'autres. J'ai donc souhaité les publier tels quels. Ils racontent mieux que le souvenir que j'en ai aujourd'hui tout ce que j'ai vécu. Ils conteront mieux à mes filles, à tous mes proches, à mes amis, aux étudiants que je rencontre, cette aventure des départs au hasard, la richesse de l'« Amérique sans fric »… Peut-être expliqueront-ils aussi un peu de la genèse de mon métier d'aujourd'hui : qui sait, au fond, si ce n'est pas dans ces premiers voyages que j'ai puisé un peu d'énergie, de rêve et de passion pour le projet d'entreprise que je développe depuis vingt-cinq ans sur la carte du monde ?

Puissent ces lettres trouver ainsi de nouveaux destinataires et jalonner de leurs souvenirs d'encre la route des amoureux de la planète et des citoyens du monde.

Paul Salmon
Décembre 1996

PREMIER VOYAGE : 18 000 km en « stop » USA-Canada-Mexique été 1965

À mon retour des États-Unis, en octobre 1965, le correspondant local du *Courrier de l'Ouest* m'a commandé un reportage, qui a paru en feuilleton dans quelques numéros du journal. Ce sont des extraits de ce texte qui figurent tout au long de ce recueil, en regard des lettres adressées à mes parents.

Lorsque le Super Constellation atterrit ce 11 juillet 1965 sur une des pistes de l'aéroport John-Kennedy à New York, je me souviens des derniers mots qu'un ami américain étudiant avec moi à Grenoble m'avait confiés quelques jours avant mon départ : « Ne pars pas aux États-Unis avec si peu d'argent en poche, tu risques de ne pouvoir y vivre qu'une semaine. Et après… » Eh oui, et après ? En fait, j'étais là, seul, tenu de demeurer sur le territoire américain pendant deux mois avec 50 000 francs et un visa touriste qui m'interdisait toute possibilité de travail. Je réalisais la difficulté et les risques de l'avenir passionnant que je m'étais imposé mais pensais plus que jamais qu'il devait bien exister mille façons de découvrir l'Amérique.

Si New York n'est pas l'Amérique, c'est tout de même ce qu'il y a de plus extraordinaire là-bas. Il y règne une atmosphère inconnue en Europe. L'air y est chargé

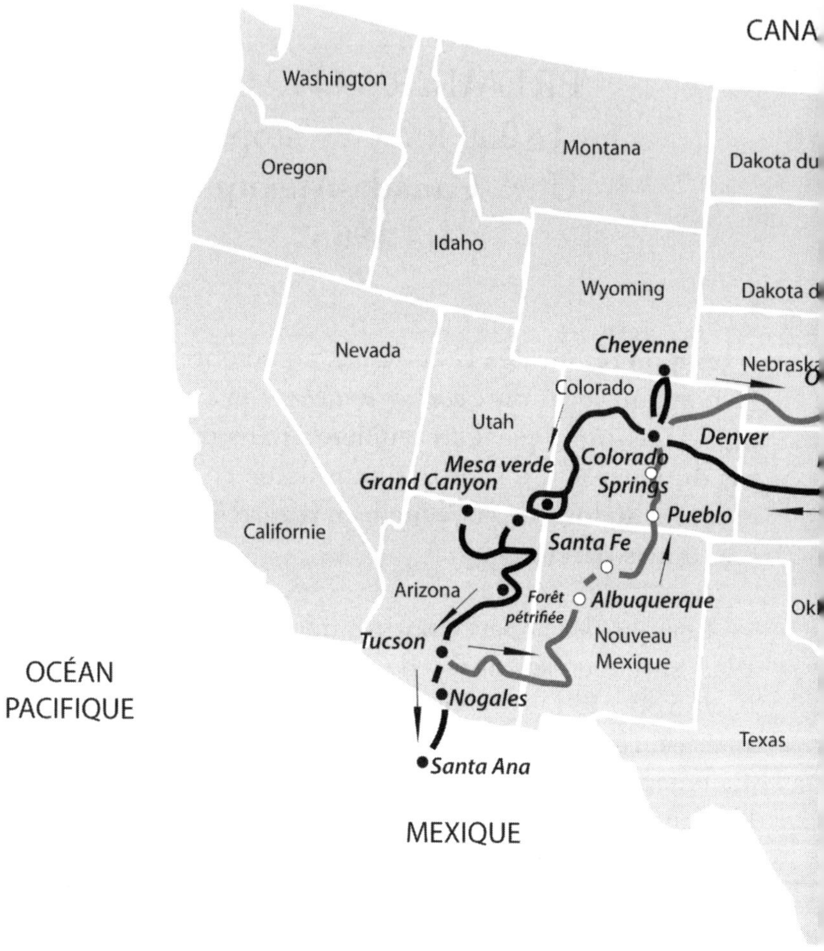

1965 PREMIER VOYAG

sota
Maine
Wisconsin
Michigan
Buffalo
Lake Georges
New York
Detroit
Chicago
oines
New York
avenport
ock Island
Pennsylvanie
Ohio
Indiana
West Virginie
Illinois
Virginie
nt-Louis
Kentucky
issouri
Caroline
du Nord
Tennessee
OCÉAN
ATLANTIQUE
ansas
Caroline
du Sud
Alabama
Georgie
Mississippi
Lousiane
Floride
GOLFE DU MEXIQUE

d'électricité, la vie épuisante, la vitalité très forte. Je garde de ces premières journées aux USA un souvenir extraordinaire : je les passais à flâner seul ou entre amis dans ce New York où tout m'intéressait. Je me souviens surtout de ces soirées passées au quartier chinois, ou bien portoricain ou encore dans le turbulent cœur de New York à l'aspect féerique : le quartier des théâtres, des cinémas et des fameuses publicités lumineuses qui couvrent les façades et les sommets des gratte-ciel. Mais c'est l'ambiance des clubs de jazz de Greenwich Village qui m'enthousiasmait le plus quartier bohème et insolite où règne une atmosphère à la fois sympathique et cafardeuse. Dans cette immense ville où l'activité est partout intense, c'est un peu l'oasis du bas de la ville où toute une jeunesse souvent débraillée écoute du jazz moderne, des poèmes, ou dessine à la craie sur le trottoir, ou encore joue du banjo, assise sur l'aile d'une grosse Cadillac.

Je m'habituais vite à la grandeur de cette ville, à son aspect colossal, bref à cette échelle américaine si différente de celle de la France. Je logeais dans un immense gratte-ciel, le YMCA Central, un hôtel de 300 chambres réservées aux jeunes ouvriers et étudiants du monde entier. Il y avait là des Noirs, des Jaunes et des Blancs. Les uns revenaient du Mexique, d'autres d'Alaska, d'autres encore s'arrêtaient là et faisaient escale dans leur tour du monde. Je partageais la chambre d'un ami de fortune et malgré le bruit permanent de la vie nocturne de New York, j'y passais d'excellentes nuits… sur le plancher. Avant de m'endormir, je contemplais chaque soir le spectacle offert de l'autre côté de la rue, des ouvriers qui montaient des charpentes de fer à 200 mètres du sol. Je les voyais assis à califourchon ou bien marchant sans peur du vertige sur des poutrelles tendues au-dessus du vide. Chacun d'eux portait un casque jaune, sans doute pour ne pas recevoir sur la tête les rivets tombant des étages supérieurs. Aussi à l'aise que des acrobates, certains assis, les jambes pendantes, mangeaient un sandwich à la tomate en buvant un coca. Je me sentais donc très à l'aise dans la capitale mais je devais songer à quitter New York pour monter vers le nord, à Détroit, capitale mondiale de l'automobile.

Changement de programme…

Pourquoi Detroit ? Pour travailler… Bien que ce fût pour moi « against the law » (=« contre la loi »), je pensais tout de même y trouver un job et gagner quelques dollars. Mais un soir de mi-juillet, alors que nous prenions un verre au bar de l'hôtel, un camarade rencontré dans l'avion me proposa de réaliser avec lui un projet. Visiter les États-Unis en les traversant dans les deux sens en auto-stop, sur une distance approximative de 12 000 kilomètres. Jean-Paul est membre de l'équipe de France B de ski. Il habite l'Alpe d'Huez et désire rejoindre Squaw Valley. Je l'avais déjà rencontré à Grenoble, lors de ma deuxième année d'École de Commerce.

LETTRE

14 juillet, 8 heures du soir, 2 heures en France

Chers tous,

Ça va très bien, à part une sorte de grippe qui m'agace. Je ne m'imaginais pas les USA tout à fait comme cela. Si bien que continuellement je fais des découvertes passionnantes !

Quelle intensité de vie ! Ça bouillonne continuellement dans ces longues avenues cosmopolites. Arrivé donc avant-hier, je pense déjà pouvoir dire que je connais pas mal New York ; j'ai deux copains qui, comme moi, sont passionnés de découvertes et d'aventures. Il est 7 h 10, les deux copains en question viennent de rencontrer Jacques

Sallebert puisque l'un travaille à la télé régionale de Grenoble, l'autre est moniteur de ski à l'Alpe d'Huez.

Hier matin, on pouvait partir à Miami en Floride, et hier soir, on nous proposait de partir à San Francisco. C'est le sommet dans le genre... Hier encore, on a rencontré un Allemand... et de 4 heures à minuit, on a fait tout New York en voiture avec un dîner dans un restaurant chinois, puis Harlem et Greenwich Village. Et en fin de soirée, ascension de l'Empire State Building. Là, on a rencontré des Américains et des Hollandais... qui nous proposaient un travail le nettoyage du paquebot *Rotterdam*, 5 000 F/jour... Que de possibilités ! Cet après-midi, nous avons été aux Nations unies : j'ai pensé à Papa et à Jean-François, Papa parce que ça lui avait vraiment plu la première fois et Jean-François pour l'architecture très élégante de l'ensemble.

Deux jours, et j'ai déjà des pages à raconter. Je loge à l'YMCA (Young Men Catholic Association). Nous sommes mille là-dedans : un hôtel pour jeunes du monde entier. Je couche dans la chambre de camarades, par terre sur des couvertures ; je dors bien et ne paye rien. Les chambres sont à mille francs. Hôtel à l'américaine avec coiffeur, pharmacien, docteur, salle de méditation, teinturerie, billard, ping-pong, etc. Je dépense très peu et je ne suis pas du tout pressé de bosser. Tout ce que j'avais prévu en France, c'est-à-dire trouver coûte que coûte du travail, ne m'intéresse plus tout à fait. C'est tellement mieux d'observer et de saisir l'occasion au jour le jour. Je quitterai New York dès que j'en aurai marre.

La vie ici est passionnante. Tout est à l'envers de la France. J'ai l'impression qu'ici les gens sont passionnés par le fait de gagner des dollars. Ils semblent très bien s'entendre avec toutes les races qui les côtoient.

Ce matin, nous sommes allés chez Renault. Nous y avons rencontré beaucoup de Français, parcouru les bureaux... Quelle vie de bureaucrate à l'américaine !

Il y a aussi tous ces buildings où, derrière des hauteurs de vitres, on devine un Américain technocrate en bras de chemise.

Ce soir, on emmène des Américains au 14 Juillet.

Il fait une chaleur atroce : j'ai été idiot d'emmener des pull-overs et idiot de ne pas avoir emmené un pneumatique pour dormir par terre. On m'en a prêté un, mais il se dégonfle sept fois par nuit, ce qui équivaut à dormir à la dure…

Je vous quitte, ne pouvant dépasser trois feuilles pour le poids du courrier. Je vous embrasse tous très fort. Je pense souvent à vous.

Paul

Des détours pour Detroit

Le 16 juillet au matin, nous sommes dans la banlieue de New York et nous attendons notre première voiture, avec chacun un sac de couleur kaki et des panneaux sur lesquels nous avons inscrit « Étudiants français » et « Paris-San Francisco-Paris ». Dès six heures du soir, nous sommes déjà à quelques kilomètres de la frontière canadienne. Nous ne sommes pas dans la bonne direction mais qu'importe : ces deux jeunes étudiantes qui nous conduisent sont si sympas qu'elles nous ont proposé de les accompagner jusqu'au terminus de leur voyage. Mary a tout juste 16 ans et la Ford Falcon qu'elle conduit lui a été offerte en juin pour son succès scolaire. Elle ne comprend pas pourquoi nous nous étonnons de ce cadeau de quelques millions qui lui semble tout normal et déjà démodé. Je découvre qu'aux USA, tout se démode très vite et qu'il faut toujours aux Américains des jouets nouveaux comme pour les enfants. Ils n'achètent jamais en pensant que cela leur durera toute une vie : ce serait pour eux renoncer au développement de leur standing. Je crois que c'est peut-être cette notion d'évolution constante qui a fait des États-Unis le pays puissant qu'il est aujourd'hui.

Nous passerons cette première nuit dans un camp au milieu d'un lac, sur une île où 500 jeunes Américains et Américaines rencontrés par hasard nous réservent un accueil inattendu. Certains membres du camp doivent partir dès le lendemain matin retrouver leur famille à Detroit et tiennent absolument à ce qu'on les accompagne. Après 900 kilomètres d'autocar à travers le Canada et le Nord des USA, sur un réseau routier qui n'est autre qu'un chef-d'œuvre de gigantisme, nous arrivons sur les bords du lac Michigan. Nous voilà à Detroit où je pensais travailler, mais ces premiers jours ont été si extraordinaires que je préfère continuer avec mon camarade Jean-Paul jusqu'au Pacifique. Nous resterons plusieurs jours à Detroit, reçus d'abord dans la roulotte cinq pièces de Russ, le chauffeur de l'autocar, puis dans l'intimité d'une famille franco-américaine rencontrée par hasard à la sortie d'un office protestant. Detroit est une immense agglomération où tout le monde se concentre par obsession de gagner encore plus de dollars du fait de la richesse de l'industrie automobile américaine. J'y découvre qu'aux USA ce dollar est un peu l'ennemi qu'il faut conquérir car il vous donne votre surface sociale : si un Américain du Far West apprend qu'à 2 000 kilomètres de chez lui, il peut gagner plus, il n'hésitera pas à partir en emmenant sa maison sur un immense camion comme le font chaque année des milliers de familles américaines.

À Detroit, l'automobile est omniprésente. Vous pouvez y passer une journée toute ordinaire : sans descendre un instant de votre véhicule vous irez dans un drive-in où une élégante hôtesse vous apportera votre menu sur un plateau qu'elle fixera sur votre portière ; vous pourrez aussi acheter vos cigarettes, émettre un chèque, faire vos provisions et aller au cinéma sans quitter votre siège.

Après une ou deux années, cette voiture ira tout naturellement au cimetière. Elle est assez solide pour que l'Américain ne s'en occupe pas pendant quelques années, mais le jour où des petits ennuis commenceront, il s'apercevra très vite qu'il vaut mieux la jeter et en acheter une neuve, plutôt que d'avoir recours aux mécaniciens. L'industrie automobile américaine continue de produire à un rythme qui risquerait fort bien de faire du pays le plus bel embouteillage, si l'on ne continuait parallèlement à développer le réseau routier qui est de loin le meilleur du monde.

LETTRE

Lundi midi 18 juillet

Chers tous

Je suis très content de vous écrire ce midi, de vous faire part dans la mesure du possible de ces derniers jours; me voilà déjà à 1 200 kilomètres de New York, je suis à Detroit, avant-hier j'étais au Canada.

Mais revenons quelques jours en arrière… Vendredi matin sera ma dernière matinée à New York : il fait très chaud, la vie est très chère et à part la Foire Universelle, on a visité ce qu'il fallait voir… Il faut songer à partir : on a toujours des occasions alors on hésite. Je dis on : il s'agit de moi et du copain avec qui je m'entends bien, Jean-Paul. Comme je vous l'ai déjà dit je crois, il fait partie de l'équipe de France de ski, c'est un grand ami de Goitschell, Perillat, Bonnet, etc. Il est malgré tout très relax. Nous avons un projet : partir à San Francisco (distance égale à Nantes-Sibérie) ! Nous nous entendons très bien et l'entreprise, unique en son genre, est réalisable. Nous avons acheté des sacs de l'US NAVY et préparé plus ou moins l'itinéraire. J'ai à peine 40 000 francs en poche.

À 1 h 30 vendredi, on va vers la sortie de New York : mais de l'YMCA à la sortie, il y a bien trente kilomètres ! C'est ça les États-Unis ; on fait dix kilomètres et on est toujours à Manhattan.

Nous posons par terre nos deux sacs : nous installons notre drapeau français et notre « French student » (= « Étudiant français »). Deux secondes, une voiture s'arrête : un type formidable qui nous sort de New York et fait un détour pour nous déposer sur la route de Montréal (nous avons eu en effet l'intention de faire un détour par Montréal). Sur 5000 kilomètres, 1000 kilomètres de plus, ça compte peu.

Nous voilà en campagne, quel changement avec New York : des autoroutes à dix voies !!! C'est féerique, nous n'attendons pas deux secondes et une Volkswagen s'arrête : elle nous dépose à un embranchement. Nous sommes à 100 kilomètres de New York et il en reste 1000 pour Montréal ; il est 2h30. Il fait très chaud, nous n'avons rien mangé. À trois heures moins le quart, une magnifique Ford Falcon s'arrête : deux Américaines 20, 22 ans, jolies et sympas. Elles nous emmènent à George Lake à 500 kilomètres, et c'est la route de Montréal. Nous arrivons à George Lake à 6 heures. Nous laissons nos deux amies et somnolons au bord du lac. À 8 heures, nous décidons de partir dans la campagne coucher à la belle étoile. Deux Américains nous abordent : deux protestants qui font une enquête sur la foi. Deux types sensas. D'autres jeunes s'arrêtent : ils appartiennent au même camp installé à 60 kilomètres d'ici. Jean-Paul signe des autographes, notre idée de voyage les enthousiasme, et puis on est Français !!! Ils ne veulent pas que nous dormions dehors. D'ailleurs, c'est interdit. Il est neuf heures : quatre voitures de jeunes (les mêmes) quittent George Lake pour retrouver leur camp. Nous nous retrouvons dans une voiture, elle est pleine à craquer, c'est une grosse Dodge.

À 10 heures, nous prenons un bateau, leur camp est au milieu d'une île : ils sont là, 400 jeunes, des protestants du groupe « Word of life » international. Nous sommes reçus comme des papes : nourris, logés, non pas parce que nous avons l'air de malheureux (nous sommes propres et bien habillés) mais parce que nous sommes français.

Le mieux : on nous annonce que demain matin, des jeunes quittent le camp par car pour retrouver Detroit à 1 200 km !!! Nous pensions d'abord aller à Montréal... Tout change : nuit excellente dans le chalet des séminaristes. À 7 heures, nous sommes invités au breakfast, c'est samedi : on annonce au micro notre présence. Nous avons la cote ! Jean-Paul signe toujours des autographes : nous avons déjà une vingtaine d'invitations pour revenir. 8 heures, nous quittons l'île. À 8 h 30 nous montons dans un car de Detroit : 20 filles, maximum 18 ans et 10 garçons s'attroupent autour de nous ! C'est parti. À midi, nous nous arrêtons dans un drive-in, ces grands restoroutes qui jalonnent les Expressways. Nous repartons en chantant des chansons et des cantiques. Nous, nous leur chantons *À la claire fontaine* et leur apprenons *J'entends siffler le train*. À 6 heures, entrée au Canada, et sortie à 12 heures. Passage rapide à Buffalo et aux chutes du Niagara.

À 12 h 30, arrivée à Detroit au bord du Michigan ! Les parents viennent chercher leurs enfants : nous sommes présentés à tout le monde !!! Le responsable du voyage, Russ, c'est un « tonton loulou » américain : il veut nous loger et nous prend dans son car Volkswagen. Il habite une roulotte de six pièces : c'est typique en Amérique. Il nous offre son lit, il a une bibliothèque de 200 bouquins, tous sur la Bible et la religion. Réveil à 9 heures : tout le monde à l'office protestant. L'église ressemble à une salle de cinéma, on y joue de la trompette et on lit la Bible. À 12 h 00, on nous présente une dame, ancienne pied-noir marocaine. Son mari est théologien, ils habitent Dallas mais résident à Detroit pour faire un stage d'hébreu et grec. Plus tard, nous nous retrouvons dans la caravane de Russ : il nous fait deux côtelettes de porc et nous nous endormons, crevés. À 7 heures, nous repartons à l'office qui se terminera à 9 heures. La dame pied noir (30 ans) nous invite avec son mari et des amis au restaurant : pour une fois, nous parlons français.

Nous quittons le resto à 11 heures pour aller dire bonsoir à Russ dans sa caravane, tout en prenant nos bagages : nous sommes en effet invités chez cette dame pour le temps que nous voulons.

Nous pénétrons dans l'intimité de la famille américaine, ils sont vraiment très chouettes avec nous. Nous parlons jusqu'à une heure du matin assis sur la carpette. Nous avons chacun notre chambre. À 10 heures du matin, réveil. On nous prépare le breakfast, puis c'est la visite détaillée de l'église, c'est immense (20 salles, garderie, salles de réunions, salle des prières... 10 pianos en tout !!!). Au retour, j'ai conduit la voiture, une magnifique Cadillac avec air conditionné !!! Alors que je vous écris, le déjeuner vient de s'achever, le pasteur est dans une salle de l'église à travailler sa théologie, Russ et deux filles sont venus nous voir, quant à la dame... elle fait notre lessive ! Je suis content de vous raconter tout cela en détail.

Vous voyez, j'ai beaucoup de choses à raconter : je suis enthousiasmé par tout. Jamais je ne pensais que ce voyage serait si formidable !!! À Detroit, il y a autant de voitures que de gens ; on n'arrive pas à imaginer cette ambiance. Malheureusement, je ne peux vous donner aucune adresse. Je vais faire tout mon possible pour en trouver une sur la route, mais notre voyage est tellement élastique... Je vous quitte en vous embrassant très fort.

Paul

Chicago… en bref

Nous quittons Detroit pour rejoindre Chicago où nous arrivons après de longs démêlés avec la police américaine. Nous avons failli passer trois jours en prison. Mais ne désespérons pas, nous avons déjà fait 3000 kilomètres, il nous en reste 10000 et nous avons encore le temps de faire connaissance avec les prisons américaines car n'oublions pas que l'auto-stop est formellement interdit aux USA !

Nous resterons deux jours à Chicago où nous nous faisons de nouveaux amis. Nous passerons une soirée dans le quartier noir où nous rencontrons un orchestre style « New Orleans », très ami de Sydney Bechet. Ils nous jouent une *Marseillaise* très swing dont nous nous souviendrons sans doute toujours.

Nous allons quitter l'Est et nous enfoncer vers le Far West en passant par St-Louis et Kansas City, une des grandes capitales du jazz américain. À la sortie de Chicago, une jeune femme arrête sa grosse voiture à nos pieds. Elle nous explique qu'elle vient de faire, seule avec ses deux enfants, 4000 kilomètres et qu'elle doit en faire encore autant pour rentrer à San Francisco sur les bords du Pacifique. L'occasion est extraordinaire. Avec Jean-Paul, nous allons avoir la responsabilité de la voiture pendant 2000 kilomètres. Nous profiterons de la nuit pour avancer et traverser rapidement les États assez monotones du centre des États-Unis. Nous roulons constamment à 140 km/h bien que la loi interdise formellement de dépasser les 65 miles… Mais la nuit, les autoroutes sont désertes de policiers.

Denver et rodéos

Nous arrivons à Denver, capitale du Colorado, le 24 juillet. Le paysage des Rocheuses nous enthousiasme, et nous quittons notre voiture pour faire connaissance avec l'État des cow-boys, des rodéos et de l'ambiance Far West.

Nous passerons une semaine à Denver où nous n'aurons pas encore l'occasion de passer notre première nuit à la belle étoile. Nous faisons sans cesse connaissance de nouveaux Américains qui, pour la plupart, ne croient rien de notre aventure. Certains nous emmènent dans les Rocheuses, d'autres visiter la tombe de Buffalo Bill, ou les grands barrages du Colorado, d'autres dans des ranchs et d'autres encore nous conduiront à Cheyenne passer trois jours à l'occasion du plus grand rodéo du monde, un spectacle extraordinaire où sont rassemblés les meilleurs cow-boys de tout le continent américain. Jean-Paul a adopté la tenue cow-boy. Pour ma part, il me manque encore le blue-jean et le revolver. Un ami m'a offert un chapeau du meilleur style « Kit Karson » griffonné d'un tas de signatures.

Nous ferons les jours suivants 1 000 km d'auto-stop en pleine montagne, le plus souvent sur des pistes où un vieux cow-boy nous assure que parfois il ne passe qu'une voiture tous les deux ou trois jours. Nous vivons des moments extraordinaires dans ce Far West auquel je ne croyais plus. Nous avons cependant toujours en vue de nous rendre sur le Pacifique, mais tout nous passionne et nous sommes tellement disponibles que si nous trouvons une voiture se proposant de nous emmener en Alaska ou en Terre de Feu, nous n'hésiterons pas. Nous sommes définitivement habitués à ce pays, à son échelle, à sa grandeur et à son accueil. Déjà, nous totalisons 5 000 kilomètres, nous sommes toujours étonnés par l'accueil que nous réservent nos hôtes américains. Un avocat, après nous avoir promenés sur 500 kilomètres dans le sud du Colorado, nous quittera en nous disant qu'il préférerait rester avec nous plutôt que de se rendre à son audience…

CARTE POSTALE

Cheyenne, Wyoming, le samedi 2 août

Chers tous,

Nous sommes enthousiasmés par toutes ces découvertes. Nous avons quitté le Colorado vendredi et sommes pour 5 jours à Cheyenne où a lieu aujourd'hui et demain le plus grand rodéo du monde. Nous sommes là avec deux Américains. Il y a ici aujourd'hui 100 000 personnes venues de toute l'Amérique. Jamais, je n'ai vu un tel spectacle : on nous a offert ce rodéo qui a duré 4 heures cet après-midi. Ici, c'est le fief des cow-boys et des Sioux, croyez-moi, ça existe. Nous sommes maintenant loin dans les USA dans un État très spécial. Nous couchons pour l'instant dans la voiture, une grosse Cadillac commerciale. Nous partirons lundi pour le grand Canyon du Colorado. Ce n'est qu'un projet car on vit au jour le jour.

Paul

L'aventure des réserves

Début août, nous sommes aux portes du Nouveau Mexique et de l'Arizona. Nous redoutons une température qui monte facilement jusqu'à 45 degrés. Nous allons entrer dans les réserves où sont parqués par milliers les Indiens Navajos qui vivent encore en tribus. Nous sommes définitivement habitués au coca-cola et aux eaux courantes que nous filtrons entre plusieurs feuilles de papier hygiénique.

Le 4 août au matin, c'est le début d'une nouvelle aventure. Nous sommes à la sortie de Cortez (État du Colorado), lorsqu'un gros camion Chevrolet stoppe devant nous. À l'arrière 25 étudiants de Chicago et dans la cabine, le chef de l'expédition et le fils du dernier chef indien de la tribu des Navajos. Ils arrivent de Chicago, et vont passer 15 jours dans les réserves que redoutent encore beaucoup d'Américains. Nous nous retrouvons à l'arrière du camion, adoptés d'un seul coup par ce groupe de jeunes « explorateurs ». Au programme, 3000 kilomètres de pistes, à moins d'accidents fort probables. Jean-Paul et moi avons vraiment l'impression de vivre un rêve ; nous roulons en plein désert sous une chaleur torride et sur des pistes où la circulation est parfois interdite. Nous serons d'abord reçus dans la baraque en terre de la fille de notre chef indien dont le mari a été tué dans une rixe entre voisins. Tout nous est inconnu. La végétation, la nourriture, la chaleur et la civilisation indienne. Nous visitons les grands canyons, certains de cent kilomètres de long et 500 mètres de profondeur, ce sont de véritables chefs-d'œuvre d'érosion. On a l'impression de faire une excursion sur la lune.

Sur ce même itinéraire, nous longeons la forêt pétrifiée, les volcans éteints et les lits de lave. C'est une des régions au monde où il y a le plus de serpents venimeux. La campagne est totalement déserte et desséchée. Parfois, nous nous arrêtons dans un village et les familles indiennes, d'abord apeurées, nous font signe de rester. La plupart n'ont qu'une hutte par famille qui compte parfois 10 à 12 enfants. Leur air paisible nous fait croire qu'ils vivent là heureux, totalement à l'écart du reste du monde. C'est surtout le matin qu'ils vivent et travaillent. L'après-midi est réservé au sommeil, la chaleur étant tellement accablante. Leur misère contraste affreusement avec la richesse des Américains qu'ils semblent totalement méconnaître.

Sur des pistes qui semblent impraticables, notre camion poursuit sa route et s'accoutume fort bien de toutes les embûches ; à chaque pont de bois qu'il nous faut franchir nous descendons tous du camion et vivons des minutes de suspense extraordinaire. Notre Chevrolet s'est enlisé une trentaine de fois et cinq fois au moins, nous avons failli renverser. Parfois, certains chefs indiens nous refusent l'accès de leur territoire, et d'un seul coup, il nous faut modifier notre itinéraire. Jean-Paul et moi commençons à souffrir de la soif. Nos copains sont constamment aux petits soins pour nous deux, nous donnant des pilules antidéshydratantes ou des sandwichs concentrés. Nos nuits se passent le plus souvent à la belle étoile. Un matin, nous nous réveillons entourés d'une cinquantaine d'Indiens ils étaient là depuis deux heures près de nous à nous regarder dormir. Ils nous inviteront à vivre deux journées sous leurs tentes et nous feront l'honneur, à Jean-Paul et à moi, de fumer avec certains d'entre eux le calumet de la paix.

Le 8 août, nous retrouvons enfin la route goudronnée, mais pas pour longtemps. Nous nous enfonçons de nouveau dans le désert de l'Arizona et nous resterons pendant trois jours dans une tribu de Navajos qui vivent et s'administrent toujours comme avant la conquête : la plupart sont éleveurs de bétail et vivent de pêche et de chasse ; leur grande spécialité est le travail de la laine et de la pierre du pays ; la turquoise. Chaque soir ils nous invitent à dîner autour de leur feu. Il nous faut manger du poisson desséché et parfois du bison rassis, cuit à la broche devant nous.

Nous commençons à pouvoir leur exprimer les mots les plus élémentaires dans leur propre langue, mais dès que, par l'intermédiaire de notre chef, nous leur disons que nous venons d'Europe, ils semblent ne plus rien comprendre, notre pays leur étant inconnu. Tous nos amis du camion connaissent désormais *Alouette, gentille alouette* d'autres savent chanter la *Marseillaise*, si bien que lorsque tout l'équipage du camion chantera en français, nos Indiens n'y comprendront vraiment plus rien.

Passage au Mexique

Après deux jours de voyage sous une chaleur torride, nous arrivons au Mexique par Tucson et Nogales. J'ai la chance de pouvoir m'exprimer en espagnol. Nous retrouvons une vie plus confortable logeant dans des centres d'accueil internationaux. Lorsque nos amis nous présentent comme Français, c'est tout de suite un accueil chaleureux. On nous parle de notre « grand pays », de notre Général auquel ils ont réservé il y a quelques mois un accueil délirant.

Nous descendrons jusqu'à Santa Anna et resterons quatre jours dans cette région ou tout m'émerveille. Nous roulons entre des vallées plantées de cactus géants. Petit à petit, nous commençons à nous habituer à la nourriture mexicaine faite exclusivement à base d'épices. Très souvent, Jean-Paul, comme il le fit aux États-Unis, doit se mettre à signer des dizaines d'autographes à de jeunes Mexicains, lorsqu'ils apprennent qu'il fait partie de l'équipe de France de ski. Malheureusement, mon camarade va nous quitter, il doit rejoindre la Californie, « Squaw Valley », et retrouver des amis de l'équipe de ski américaine ; je le quitterai à la frontière et ne le reverrai que dans quelques semaines à New York.

Pour moi, je continue à faire partie de l'équipage qui doit retrouver Chicago en passant par le Nouveau Mexique. Le retour sera extraordinaire. Nous retrouverons des régions habitées exclusivement de cow-boys, où nous sommes toujours reçus d'une façon très cordiale ; nous assisterons à des rodéos et visiterons les plus anciens villages de cow-boys qui appartiennent désormais aux grandes compagnies cinématographiques américaines, nous passerons au cimetière de Tombstone qui rappelle qu'un soir, il y a quelques dizaines d'années, un dur règlement de compte provoqua dans le village tout proche une centaine de morts.

LETTRE

Arizona, le 7 août

Chers tous,

Nous traversons les hauts plateaux et les déserts de l'Arizona. C'est le pays des cactus, des Apaches et des 60°. Nous roulons vers le Mexique où nous serons après-demain. Nous sommes avec 20 garçons, des gars de Chicago, depuis trois jours ; c'est inouï : ce sont 20 copains qui font une expédition dans un camion découvert, qui couchent dehors, et qui n'ont peur de rien. Nous roulons sur des pistes où passe seulement une voiture toutes les deux heures. Avant-hier, nous avons dîné avec des Apaches. Nous sommes accompagnés du grand chef indien Navajo retiré depuis quelques années à Chicago. Jamais je n'ai vu de tels paysages, de tels gens, une telle civilisation. C'est l'envers des USA. Je ne sais pas d'où nous vient cette chance. Il doit me rester quelque 28 000 francs, à ce régime, je ne pense pas travailler. Je commence à parler espagnol et je découvre la valeur de l'eau. On est crevés mais quelle vie !

Deux jours plus tard, je rentre tout juste du Mexique. Passionnante que la découverte de ce nouveau pays ; je me plais énormément avec ces 25 étudiants avec lesquels on voyage depuis six jours. On devait les quitter ce matin pour partir ensemble avec Jean-Paul en Californie et puis Dale (40 ans), le moniteur et conducteur, nous a proposé de terminer cette balade avec eux. Jean-Paul, ayant des amis à rencontrer en Californie a dû nous quitter. Dale m'offrant de rentrer avec eux vers l'Est (près de Chicago), tout en faisant du tourisme, je n'ai pas hésité. Je suis très heureux de rester avec eux jusqu'à la fin. Cette balade me permet de vivre avec 25 types très chouettes, des vrais copains, de faire du tourisme et de rentrer vers l'Est, tout cela aux frais de je ne sais qui. Je crois que ça aurait été un peu risqué que j'aille en

Californie. Nous serons à Chicago le 16; ensuite, je suis invité à rester un moment dans l'Illinois chez différents copains de voyage.

Nous sommes actuellement dans le Nouveau Mexique : on vient de déjeuner avec des Indiens et je suis en train de fumer le calumet de la paix tout en vous écrivant. Je suis littéralement brûlé par le soleil. Je suis plongé bien loin dans l'Amérique et m'accommode de plus en plus à cette vie de véritable expédition : nuits en plein air, cuisson au barbecue, etc. Nous nous dirigeons vers le Colorado et arriverons à Rock Island. Fin du voyage le 16; là, du repos chez les copains pendant quelques jours, je pense que j'y aurai de vos nouvelles.

Je vous embrasse très fort.

Paul

Progressivement, nous reprenons contact avec la civilisation américaine. Nous retrouvons sur la route les cafétérias robots où il n'y a jamais de serveuses mais seulement des dizaines de machines où l'on peut tout obtenir. Café, sandwichs, etc. Nous traversons à nouveau quelques réserves d'Indiens et quittons le Nouveau Mexique après avoir séjourné à Santa Fé.

Nous retrouvons alors le Colorado, les montagnes. Les amis du groupe terminent leur film qu'ils présenteront à leur retour à une société américaine.

Retour à Denver

Mi-août, c'est l'entrée à Denver, après la découverte du nord du Nouveau Mexique, Albuquerque, Santa Fé, les bords du Rio Grande, le village de Taos, Pueblo et Colorado Springs. Et ce soir d'août, l'expédition sera terminée. Des amis de Denver que j'avais rencontrés à l'aller veulent me garder ici pendant quelques jours. Je suis tellement fatigué que j'accepte ; je quitterai avec beaucoup de regrets à 9 heures du soir tous les amis du camion, Dale, le conducteur, et notre bon vieux chef qui nous a permis de réaliser cette expédition. Ils me promettent de venir me voir en France. Ils n'acceptent même pas un dollar pour ces quinze jours passés ensemble.

Je suis reçu à Denver par deux amis qui mettent leur appartement et leur voiture à ma disposition. Tous les soirs, nous nous retrouvons. La plupart sont de jeunes pilotes d'Air Force ou bien des hôtesses de l'air, l'aéroport et la base sont tout proches d'ici. Je passe de bons moments, promenades en montagne, visites de ranchs, soirées dans des clubs de jeunes. Les jeunes américains que je rencontre ont souvent quitté leur famille depuis six ou sept ans déjà. Ils sont partis pour se faire « tout seuls ». Ils habitent tous des appartements très standard et sont familiarisés depuis leur plus jeune âge avec des appareils électriques de toutes sortes. Dans l'appartement de copains qui sont tous les deux membres de l'Air Force, il y a plusieurs téléphones, aussi bien dans les chambres que dans la cuisine. La lessive, la vaisselle, la mayonnaise et le poulet rôti consistent en des opérations « presse-bouton ». Il ne reste peut-être plus qu'à inventer la machine à mettre le couvert. Si, à toute heure du jour ou de la nuit, vous désirez un sandwich, des cigarettes ou bien un coca-cola, il vous suffira de prendre l'ascenseur et de descendre au rez-de-chaussée appuyer sur d'autres boutons. Je crois que la vie quotidienne américaine n'a pas le charme imprévu de la vie européenne, mais, au lieu de s'accrocher aux traditions, l'Américain va toujours au-devant du progrès, du moment que ce progrès lui facilite l'existence. La seule chose qui compte, c'est l'efficacité.

Le jeudi après-midi 16 août,

Chers tous,

Il est 3 heures de l'après-midi, vous devez être en train de vous endormir puisqu'il y a 8 heures de différence entre la France et le Colorado. J'écoute la télévision tout en vous écrivant; le fait d'entendre même inconsciemment de l'anglais me fait du bien je me passionne depuis une heure avec le vol de Gemini V parti ce matin de Cap Kennedy. J'ai suivi jusque-là presque tout le reportage et je sens que je réagis comme un Américain: j'ai envie que le vol réussisse. D'ailleurs, très souvent et de plus en plus, je réagis en Américain. Ce fut le cas de la révolte noire de Los Angeles ou encore de ce que je ressens à la télévision sur la guerre du Vietnam.

Mais que s'est-il passé depuis ma dernière carte? Vendredi midi, le camion arrivait à Denver, Colorado où pendant le mois de juillet nous avions passé 8 jours avec Jean-Paul.

Après avoir pris une douche, je vais à l'Hospitality Center (syndicat d'initiative) et j'y retrouve une amie qui y travaille et que nous avions connue en juillet. Elle a du mal à me reconnaître avec ma tête littéralement brûlée. J'ai fait connaissance de Georges: un type dont Jean-Paul connaissait plus ou moins la famille en France. Nous avions essayé de le rencontrer en juillet mais il avait changé d'adresse. Georges a quitté la France à 6 ans puis a vécu jusqu'à 10 ans ici avec son oncle qui avait quitté la France un peu plus tôt. Ses parents sont arrivés en Amérique trois ans plus tard, il avait 9 ans. Il a maintenant 21 ans et est étudiant à l'Université de Colorado. Il travaille et vit depuis un mois chez son oncle, ses parents ayant déménagé en juillet pour aller en Californie. Il restera à Denver encore un ou deux ans pour terminer ses études. Il me présente à deux de ses copains: l'un est là pour deux ans, travaillant à la base d'Air Force de

Denver, l'autre travaille pour une compagnie d'aviation. Il est 8 heures, le camion part à 9 h 30, Georges essaie de parler français, ça lui fait un plaisir immense. Les deux copains de Georges me proposent de rester tant que je veux à Denver dans leur appartement. À 8 h 30, je suis décidé, je reste, c'est tellement sympa. Judy me conduit au YMCA où je dois retrouver l'équipée. Je dis au revoir à tous les copains, ils auraient voulu m'emmener jusqu'à Rock Island, mais je passerai les voir puisque c'est sur ma route du retour. On s'échange les adresses et puis je demande à Dale, le responsable, combien je lui dois pour ces 10 jours sensationnels : il ne veut rien du tout ! Rien pour une vingtaine de repas, rien pour 4 ou 5 nuits payantes, rien pour tout le reste ! Mike, un des plus sympas de la bande, me donne deux chemises qu'il vient d'acheter... Comme cela, en souvenir de lui et puis ils chantent la *Marseillaise* avec les paroles que je leur avais apprises avec Jean-Paul. « Bye bye Paul ! »

Je suis là depuis samedi. J'ai beaucoup de choses déjà à vous raconter. D'abord, je me repose : ces dix jours furent crevants. Ici, je connais presque tous les gens de l'immeuble. Je fais de la cuisine française chez un peu tout le monde : c'est-à-dire des steaks au barbecue. Le barbecue est en bas, près de la piscine et on attend qu'il fasse nuit pour faire cuire tout cela. Le midi, je pioche dans le frigidaire et me prends un morceau de viande congelée. 5 heures, tout le monde revient du travail et jusqu'à minuit, une heure, c'est une véritable ambiance de vacances. Dimanche soir, nous sommes allés à une autre party en plein air au sommet d'un building. Lundi, Steve, qui travaille chez United Airlines, m'a fait visiter les bureaux en compagnie de son manager. Le soir, nous sommes allés à deux ou trois voitures dans un drive-in. Cinéma en plein air, on reste dans la voiture, on peut parler, fumer, manger. On a vu deux films au même programme. Mardi, Georges est venu me chercher pour dîner chez son oncle qui est en Amérique depuis 20 ans. Il vit sur un terrain de golf, possède une Cadillac, coupé de ville, la plus belle de toutes et une maison extraordinaire.

Demain soir, je crois qu'on va tous dîner au *Normandy* le restaurant français. De temps en temps, je descends à la piscine écrire, classer mes paperasses. Derrière moi, il y a toute la chaîne des montagnes Rocheuses plus ou moins rouges.

Il est 4h30, Terry et Steve vont bientôt rentrer : ce sont deux types super. Terry ressemble à Jean-François. Le soir, parfois, on se retrouve une dizaine ici. Tout le monde a sa voiture. Hier midi, j'ai nettoyé le moteur d'une MGA qui appartient à une copine. Je l'ai essayé ensuite jusqu'à Idaho Springs, une station de sports d'hiver située tout près d'ici. Résultat, je connais en anglais presque toutes les pièces d'un moteur. Ici, la télévision marche tout le temps et on peut capter 13 chaînes ! En ce moment, c'est un western que je comprends plus ou moins et j'attends la suite du reportage de Gemini V.

Depuis 15 jours, je n'ai pas dépensé 8 000 francs. Je fais des progrès énormes en Anglais. Ici, c'est le Far West, le pays que je préfère. Et pourtant, je vais repartir vers l'Est la semaine prochaine : je passerai à Rock Island où je resterai quelques jours, pressé que je suis de vous lire. Je repasserai à Détroit et serai à New York le 1er septembre sans me soucier de l'argent puisqu'il m'en reste suffisamment avec cette chance que j'ai partout. Je pense beaucoup à vous et il me tarde de vous lire. En résumé, les dix jours en camion sont inoubliables. Je vous embrasse très fort, pensant si souvent à vous.

Paul

La dernière ligne droite

LETTRE

Rock Island (Illinois), le 27 août

Chers tous,

Quel plaisir hier matin de trouver au YMCA les quatre lettres qui m'attendaient depuis quelques jours. J'étais tellement pressé de vous lire. Je les ai lues plusieurs fois ; l'accident de Jean-François, quel dommage ! Je réalise à quel point tout a été contrarié dans son voyage en Grèce avec Hélène ; eux deux qui parlaient tant de ce projet là-bas. Je me souviens de cette discussion un soir à la maison où il s'agissait de la Grèce avec cette nouvelle Dauphine.

J'ai quitté Denver à 6 h 30 du matin après avoir pris un bain à la piscine. Un ami m'a déposé à la sortie de la ville. Je me retrouvais tout seul à faire du stop avec ma pancarte « French student » à la main. À 8 heures, j'étais encore sur l'Expressway. Pour la première fois depuis longtemps, j'ai eu un coup de cafard. Rock Island est à 1 500 kilomètres d'ici, la distance de Nantes à Milan ! J'ai dû quitter la route après qu'un policeman se fut arrêté près de moi pour me dire que le stop est interdit et que s'il me revoyait plus tard ici, il m'emmènerait à la « jail » (prison). Aïe.

Après avoir mangé mes deux œufs et mes toasts, je suis revenu sur l'Expressway. Quelle chaleur dès 9 h 30 ! Ces grosses voitures passent devant moi, chargées, me regardent, me disent bonjour, c'est tout, car le Colorado est un des États où l'auto-stop est absolument interdit. Je fais un rêve : et si une voiture s'arrêtait et m'emmenait directement dans l'Illinois… Alors écoutez bien : il est 9 h 45, une magnifique Chevrolet s'arrête, deux étudiants qui vont à Davenport, ville située à 5 kilomètres de Rock Island ! Un voyage sympa dans une voiture très confortable, à travers le Colorado, le Nebraska et l'Iowa. J'ai conduit la Chevrolet depuis la ville de Mont Cook/Nebraska, jusqu'à Omaha/Nebraska. On a traversé des centaines de kilomètres de maïs. Les fermes sont immenses, propres, tout est mécanisé. On arrive dans l'Iowa vers 11 heures. On va rouler toute la nuit ; à 3 heures du matin, on est à Des Moines, capitale américaine de l'agriculture.

Arrivés à Davenport à 8 heures, les deux étudiants me quittent et me laissent sur l'Expressway : ils ne peuvent me conduire car ils ont des formalités de changement d'État à faire et sont pressés.

Beaucoup de monde sur l'autoroute, c'est déjà l'Est, il y a plus d'argent que dans l'Ouest. Je trouve vite une voiture pour Rock Island, deux types qui sont partis à 6 heures et font toutes les villes environnantes pour trouver du travail ; ça existe beaucoup aux USA. Ici, on change facilement de job ; on s'attache plus facilement aux dollars qu'à son travail. Ils m'offrent 2 ou 3 bières dans un pub et me conduisent au YMCA.

Inutile de vous décrire ma joie de lire toutes vos lettres. On m'a laissé des messages : les copains du Mexique veulent m'avoir chez eux. Je téléphone à Bob, un de ceux que je trouvais les plus sympas. 3 minutes après, il est au YMCA avec sa grosse Oldsmobile et m'emmène chez lui pour quelques jours.

Samedi : il est assez tard ; Bob et moi venons de nous réveiller, on est en train de nous préparer un fameux breakfast. Je suis donc là depuis deux , vivant dans une ambiance super dans son genre. Je ne connaissais pas encore tout à fait ça : la vie des jeunes Américains chez eux dans leur ville. La maison de Bob est magnifique. Je connais tout le quartier et je n'ai pas une minute de répit. Tous ces jeunes ont leur voiture : des grosses Américaines magnifiques qu'ils ne quittent pas du matin jusqu'au soir. Je vais un peu chez tout le monde ici, et puis je raconte mon voyage.

Hier matin, Bob et moi avons fui un peu les copains pour aller visiter le building John Deere construit dans la campagne à 5 kilomètres de Rock Island. John Deere est la plus grosse fabrique mondiale de tracteurs. Nous avons visité le hall d'exposition et ce qui était accessible aux visiteurs.

Le père de Bob est professeur dans une école de Sécurité Routière pour Automobiles. C'est un métier passionnant et hier en fin d'après-midi, j'ai visité tout cela : le building est composé de différentes sections, une pièce par section, et dans chaque pièce, on étudie un élément particulier : freins, pont, roues, etc. Ici, les étudiants apprennent à l'aide d'un équipement électronique tout ce qui est nécessaire pour la sécurité d'une automobile. Cette école est en même temps une écurie de compétition ; leur nom : les Ours. Ils équipent le circuit d'Indianapolis, la plus grande course des USA.

Après un excellent dîner, nous sommes allés chez un copain de Bob : le rez-de-chaussée de la maison est réservé aux jeux : billard, ping-pong, machine à sous. Ici, on joue comme à Las Vegas, puis nous sommes allés dans un grand dancing de rock and roll. Quel truc ! Des excités qui se roulent par terre, une ambiance à 100 000 volts.

Nous venons de prendre le breakfast, dehors sur la pelouse. Mon anglais devient presque parfait. Tout à l'heure, nous allons voir un copain qui veut que j'essaie sa Triumph TR4 ! Ensuite au programme, grand match de football à la TV entre Chicago et Los Angeles. Nous regarderons tous ensemble.

Malheureusement, je vais reprendre la route demain ou après-demain pour New York : 1 300 kilomètres ! Là, je retrouverai Jean-Paul et les copains et irai à New Haven juste au-dessus de New York voir un ami de Grenoble. J'irai aussi à la Foire Universelle et à Wall Street, tout ce qui me reste à voir ici. Je vous embrasse tous.

Paul

LETTRE

New York, le 1er septembre

Chers tous,

Me voilà à New York et je pense tout naturellement aux premiers jours que j'ai passés ici où je ne savais pas trop exactement comment allait tourner la situation. Ce que je viens de vivre pendant deux mois était alors inespéré.

J'ai plaisir maintenant à retrouver New York qui prend tout son sens après cette grande balade. J'ai passé trois jours sympas avec mon copain Bob à Rock Island : beaucoup de visites. Le dernier soir, nous sommes allés à une party très sympa où j'ai fait connaissance de nouveaux amis. La maman de Bob a fait pendant trois jours une super cuisine : steak au barbecue, maïs au beurre, et puis des essais de cuisine française.

Bob m'a conduit sur l'autoroute de Chicago dimanche matin. J'allais prendre définitivement l'autoroute du retour. J'avais fait 3 ou 4 jours avant 1 500 kilomètres en stop, je devais encore en faire 1 800 pour rentrer à New York. Ça fait beaucoup, mais en fait pas tellement. Ici, les gens roulent pendant des jours dans ces grosses voitures confortables où on peut dormir si facilement. Mon « French student » à la main, j'étais sur l'autoroute, optimiste et des fois inquiet ou bien cafardeux, inquiet de savoir qui va me monter ou combien de temps je vais attendre. Soudain, une Buick s'arrête : c'est le fils du président de la John Deere, la plus grosse compagnie de tracteurs du monde dont j'avais visité une partie de l'usine avec Bob deux jours avant. Quelle coïncidence ! On roule ensemble de 9 heures à midi : 300 kilomètres. Son copain parle français ; on parle des grands problèmes : la Chine, les Noirs, le Vietnam, l'Europe unie... C'est passionnant. On traverse l'État très industriel de l'Illinois, en évitant Chicago et en rentrant dans l'Indiana, l'un des plus beaux États des USA.

Je retrouve très vite l'Est, les grandes autoroutes à huit voies, ces grands buildings de plus en plus hauts.

Après un détour sur les bords du lac Michigan, nous nous quittons à South Bend, situé au Nord de l'Indiana. Je mange un petit coup.

Je vais retrouver l'autoroute. Bien entendu, juste à l'entrée, je remarque le panneau « auto-stop interdit », c'est la loi dans 45 États des USA. D'ailleurs, un flic passe et s'arrête… Toujours le même laïus et il me quitte en me disant « Good luck Paul ». C'est l'Amérique, ça aussi ! Beaucoup de voitures sur les Expressways de l'Ohio, les gens me disent bonjour, beaucoup freinent pour lire mon panneau. Là, j'attends très longtemps. Passage d'un deuxième flic assez méchant celui-là. Un peu désespéré, je quitte l'autoroute et m'endors un moment sur la pelouse.

Au bout d'une heure, je reprends l'autoroute, lorsqu'une grosse Ford Station Wagon s'arrête… Des gens du Massachusetts : logiquement, ils m'emmènent jusqu'en Pennsylvanie. Ils reviennent d'un congrès regroupant des familles chrétiennes militantes (en France, le mouvement doit s'appeler « Vie nouvelle » ?) C'est encore le chrétien américain que je connais bien maintenant. J'ai compris pourquoi ils étaient si disponibles aux auto-stoppeurs : c'est une occasion de plus de faire une bonne action ! Le paysage est magnifique, la Pennsylvanie, avec ses montagnes, ses torrents, ses tunnels et ses alpages. Si on s'arrête manger un hamburger, il faut réciter le bénédicité qui dure aussi longtemps que le temps de manger le hamburger ! Ils ont 4000 kilomètres aller et retour à faire pour assister à un congrès de deux ou trois jours, mais ils ont l'air d'y croire tellement. John, le mari, est peintre, sa femme aussi. Les six enfants sont restés à la maison. Avec eux dans la voiture, on chante des psaumes religieux du genre *le Seigneur est mon berger*, on admire la nature : « It's the work of God » (c'est Dieu qui l'a créée) disent-ils. Sacrés Américains !

À 3 heures du matin, John est quand même fatigué. On s'arrête dans un motel et moi je dors sur le pneumatique dans la bagnole. On reprend la route vers 8 heures ; John m'offre le breakfast et dès le matin, il faut parler et chanter !!! Après des heures de route, on arrive à Wilkes Barne à 14 heures. Logiquement on doit se quitter car ils doivent passer chez leur famille prendre leur bébé qu'ils ont déposé. Mais John me propose de continuer à vivre avec eux.

À 18 heures, je retrouve bien John et sa femme : ils ont décidé de rester ici pour la nuit. D'accord, je suis des leurs. Je fais une nouvelle découverte, « la famille américaine pauvre ». Le père est boulanger et ne doit gagner que 150 000 francs par mois ! Ils ont quand même la télévision et le téléphone.

Après une bonne nuit et une bonne douche, on a tous pris le breakfast ensemble. Le boulanger était en vacances et très heureux de retrouver un Français dont il avait libéré le pays en 1944. Vers 9 h 30, il monta chercher sa guitare et nous avons chanté pendant deux heures. Vers 1 heure, départ. On reprend la route. John et sa femme vont même m'emmener à New York. Là-bas, ils veulent voir la *Piéta* de Michel-Ange, exposée au Pavillon du Vatican de la Foire Universelle. L'entrée de New York est formidable : on rentre par le pont de Washington : 3 étages, 560 voitures à la minute. On traverse Harlem : pas un Blanc, quel quartier ! John me dépose au YMCA où je dois descendre. Je viens de faire plus de 1 600 kilomètres avec eux.

Je retrouve New York que j'aime bien : la foule, les Jaunes, les Noirs, les Blancs. Plus de chambre au YMCA Je ne peux pas me payer l'hôtel. Je rencontre un Français sympa qui rentre de Boston. Jean-Paul et les autres ne sont pas encore arrivés. Après un tour à Greenwich Village, il est 1 heure du matin et je n'ai toujours pas de chambre. Je me promène dans la nuit et vais dormir un peu partout en me faisant vider par les flics. Mais ce n'est pas inquiétant. En ce moment, j'ai envie de dormir, n'ayant pu somnoler que deux heures. En repassant au YMCA, j'y retrouve un copain. Il me met sa chambre à disposition pour l'après-midi et pour la nuit. Une Française me prête un pneumatique.

Je me sens tout de même assez fatigué. Je prévois demain matin d'aller à Wall Street. Je vais aussi aller rendre visite à des amis de New York que j'ai connus pendant mon voyage.

Il faut que je joue très serré avec l'argent. Logiquement dans mes calculs, je ne dois pas dépenser d'argent pour dormir, c'est faisable et ça ira. C'est un peu les jours maigres. Je viens de manger une grosse pastèque.

Je me réjouis de vous revoir. Nous quittons New York le 8 au matin. Je vous préciserai les heures d'arrivée. Je pense beaucoup à vous.

Paul

LETTRE

New York, le 4 septembre

Chers tous,

Il est 11 heures : je viens de déjeuner pour 1 dollar 10 (550 francs) une salade assortie de plein de choses. Je connais le cuisinier, il est allemand et a quitté son pays depuis deux ans. Je découvre New York pendant ces derniers jours que je passe ici : ce mouvement, ce monde, ces mélanges de races, c'est passionnant. Tout le monde ici ne pense qu'aux dollars : c'est une lutte pour en avoir le plus possible. Dans le commerce, c'est une concurrence phénoménale. Les Juifs vendent des transistors « qui marchent » pour 1 dollar (500 francs), des chemises à 1 dollar 30 (et elles ne sont pas mal). Tout est plus ou moins fait au Japon, c'est la surproduction à son apogée, je ne sais pas ce que cela donnera plus tard. Les rues de New York, c'est un spectacle continuel de choses insolites et inhabituelles. Ça déborde de vie et tout ici à une dimension incomparable à l'Europe. C'est d'ailleurs, je crois, une caractéristique fondamentale des USA : la dimension.

Je suis habitué à ce pays et j'accepte très facilement ce qui ne me plaît pas. Au YMCA, je retrouve des copains des premiers jours. Quant à mon voyage, ils n'y croient pas. Je constate que j'ai beaucoup de chance. Je me suis fait un très bon copain américain qui loge ici et qui est docker sur le port : il passe 6 mois dans une ville, 1 an dans une autre et a une expérience de la vie très intéressante. Je couche sur le plancher de sa chambre : c'est un véritable confort : je dors 10 heures sans m'arrêter… L'autre soir, nous sommes allés à 6 ou 7 au *Moustache*, une boîte de jazz New Orleans et hier matin, je me suis baladé avec Bill, mon copain américain : nous sommes allés au Rockefeller Center dont Papa doit bien se souvenir. J'ai appris un tas de nouvelles de France à la librairie française : Gimondi, premier du Tour de France, la mort de Le Corbusier et mêmes les classements des matchs de foot en première division. Nous avons visité Saint-Patrick et nous avons descendu ensuite la 5e Avenue en faisant un détour à Time Square. Hier après-midi, on s'est tous retrouvés à 2 heures au quai 88 « French line », c'était le quai du *France*. Nous avons visité le *France*, quel bateau ! Un monde fou on sablait les derniers Champagnes au son d'orchestres bien français qui jouaient dans les différents salons. Nous avons passé 3 heures à bord, il y avait tellement de choses à voir. À 5 heures, tous les visiteurs ont dû descendre. Nous sommes allés au bout de la jetée : le *France* était à 20 mètres de nous, beaucoup de gens étaient en larmes. Le départ fut magnifique, aidé de remorqueurs américains. Nous, on chantait et admirait ce départ, sachant que ce gros machin est le plus long du monde.

Dans l'Hudson pas tellement large, il était disproportionné. C'était émouvant.

Hier soir, Bill m'a invité à dîner avec deux copains dans un restaurant grec: on y joue de la vraie musique grecque. Ici je raconte souvent mon voyage. J'attends Jean-Paul qui devrait arriver pour savoir comment s'est terminé son périple à Squaw Valley ou au Chili.

Nous quittons New York mercredi 8 au matin pour n'arriver à Paris-Le Bourget que jeudi 9 à 9h30 du fait du décalage horaire, mais aussi à cause d'une escale obligée au Canada et en Irlande. Madame Marquer m'avait dit de leur faire signe au retour: peut-être pourrais-je lui demander de venir me chercher. Je lui téléphonerai dès que nous arriverons pour ne pas la faire attendre si nous avons du retard. Je lui demanderai un acompte pour le train Paris-Ancenis car là, vraiment, je ne pourrai pas payer. J'aurais pourtant aimé ne pas emprunter durant ce voyage. J'ai bien essayé de chercher à travailler ici afin de payer mon voyage de retour mais je n'ai rien trouvé.

Je vais vous quitter pour la dernière fois. Cette lettre devrait vous arriver mardi matin. J'aurai un peu de mal à quitter ce pays mais je suis tellement content de tous vous retrouver après ce long périple. Dès vendredi, je m'attellerai à mes bouquins pour plus de 3 semaines. En attendant, je vous embrasse très fort.

Paul

Tout se termine le 10 septembre. Je retrouve Jean-Paul qui a eu le temps de repasser au Canada après avoir séjourné en Californie. Nous revivons notre aventure: partout nous avons apprécié ces Américains. Nous avons senti que là-bas, l'humanisme et la culture jouent un rôle important: aucun pays n'a fait, je crois, davantage pour ses musées, pour sa culture et pour l'éducation de ses enfants. Pour ce qui est de l'architecture, l'Amérique a conquis une véritable primauté : leurs nouveaux gratte-ciel de verre et d'acier sont de véritables œuvres d'art.

Il fait presque nuit ce soir de mi-septembre lorsque notre Super Constellation décolle de Terre-Neuve où nous venons de faire escale. Nous repensons encore une fois avec Jean-Paul à cette aventure : 17 500 kilomètres dans ce pays où l'auto-stop est interdit. Cette aventure, je la dois à notre chance et à notre disponibilité : initialement, nous devions aller à San Francisco et nous nous sommes retrouvés au Mexique, tout simplement parce que pendant ces deux mois, nous nous étions « confiés » aux Américains.

DEUXIÈME VOYAGE : L'Amérique sans fric ou quand la valise « se fait la malle » été 1966

Redécouvrir, repartir… Je ressentais ce besoin, cette attirance pour le grand pays que j'avais juste effleuré quelques mois l'année précédente.

Très vite, j'ai donc décidé de recommencer l'été 1966, dans des conditions similaires – aussi peu de moyens – mais avec l'envie d'aller ailleurs, en Louisiane ou en Californie.

Ce deuxième voyage, j'ai aussi aimé le faire vivre à ceux à qui j'écrivais à l'époque. Et puis aujourd'hui à tous ceux qui y découvriront l'Amérique… sans fric.

Paul Salmon

LETTRE

New York, le 25 juillet

Chers tous,

D'abord merci Papa de ton petit mot que j'ai trouvé ici en arrivant, je n'y comptais pas tellement, tu sais. Chacun de notre côté, nous semblons heureux. J'imagine à quel point tous les deux vous appréciez les vacances avec leurs 10 heures de sommeil. Dès mon arrivée ici, j'ai trouvé un type très sympa étudiant à l'ESC de Nantes. Il doit partir ce soir pour un mois au Canada faire un stage AIESEC.

Depuis deux jours que je suis ici, je vis un tas d'impressions. J'ai sans doute un peu peur de partir à l'aventure malgré le précédent de l'année dernière. Je vais quitter New York au début de la semaine prochaine avec un Français. Je suis déçu de ne pas encore avoir reçu un mot de « Rock Island » comme je l'espérais avant de quitter la France, j'aurais tellement aimé refaire une ballade avec eux. J'espère que tout se passera bien. De temps en temps, je réalise que je suis un petit peu inconscient de repartir cette année encore avec si peu d'argent.

Après un voyage véritablement divin dans des conditions super: 7h30 de vol avec distribution de whisky à bord, je suis arrivé à New York pour poser ma valise au YMCA et lire votre petit mot. Avec 3 ou 4 camarades trouvés ici, on s'est baladés jusqu'à 3 heures du matin, ce qui fait 9 heures en France. Pour ma part, je n'avais pas dormi depuis 27 heures. New York, la nuit est toujours extraordinaire: à 3 heures du matin, les Blancs terminent leur soirée et les Noirs, mal réveillés, partent au travail ou vers les docks, ou vers les quartiers du textile; partout des policiers qui se promènent la matraque à la main, sur le trottoir, des mecs qui dorment, le plus souvent des Noirs. Et puis, dans la 42e Rue, l'ambiance des boîtes de nuit où se trafique de la drogue, et des cinémas où on a l'air de passer des films pornos. Tout cela, c'est l'envers du capitalisme. Est-ce que l'envers du communisme est aussi triste et aussi sale ? Nous rentrons donc à 3 heures du matin, heure de New York. Je suis fatigué et je prends la chambre la moins chère possible, 2,50 dollars, ce qui fait 1 200 francs. Je dors jusqu'à midi. Il fait une chaleur épouvantable. Je téléphone à mon ami Richard qui m'avait remplacé à Grenoble chez André. On me répond qu'il est absent pour 3 semaines. Surprise et déception puisqu'il m'avait dit que dès que j'arriverais à New York, il serait là pour m'héberger. Je me rends compte que par rapport à l'an dernier, les prix baissent toujours : je trouve ici exactement les mêmes chemises que chez Arpa à Nantes. Il les vend à peu près 3 000 francs : ici exactement les mêmes à 900 francs ! Tout semble être produit au Japon. On vend aussi des petits postes que l'on jette quand la pile est morte comme on jette un briquet quand il n'y a plus de gaz. En un an, on a eu le temps de détruire des gratte-ciel et de les remplacer. L'an dernier près du YMCA, il y avait une immense gare, elle est maintenant remplacée par le gratte-ciel du Trust de l'aluminium « Behtleam Steel Company » !

J'ai passé une soirée avec des copains à Greenwich Village là-bas, des jeunes semblent drogués. En regardant un match de basket, il arrive que l'un d'entre eux s'arrête d'un seul coup et tombe. Nous avons demandé des explications à un Américain qui se trouvait à nos côtés : il nous confirme que c'est la drogue. La drogue, c'est un problème atroce mais il y a aussi le racisme et le Vietnam. Le Vietnam, on en cause partout. Tout naturellement dans les rues, les gens se rassemblent et discutent en groupe, on ne voit jamais cela en France. Hier après-midi avec mon pote de l'ESC, nous avons pris part à une discussion. Elle a duré 3 heures ! Elle s'est formée près d'un type qui vendait des livres illustrant les pires atrocités faites par les Américains au Vietnam. Il faisait la quête. L'argent était destiné à aider les Vietnamiens (communistes bien sûr).

1966 DEUXIÈME VOYA

Maine
nnesota
Wisconsin
Michigan
Iowa
New York
New York
Ohio
Indiana
Pennsylvanie
Indianapolis
Columbus
Washington
y
West Virginie
Illinois
Saint Louis
Kentucky
Virginie
Missouri
Caroline
du Nord
OCÉAN
ATLANTIQUE
Tennessee
Arkansas
Caroline
du Sud
Mississippi
Alabama
Lousiane
Georgie
New Orléans
Cap Canaveral
Floride
Miami
GOLFE DU MEXIQUE

Hier soir, nous sommes allés dîner au sommet de l'immeuble de la Pan Am où il y a entre autres un terrain d'atterrissage pour hélicoptères. Ce sont deux Français (le frère et la sœur de Paris) qui m'ont payé ce repas parce que je les avais beaucoup aidés et conseillés du fait de mon expérience de l'an passé.

Dimanche soir.

Je suis fatigué, il fait chaud. Ce matin au YMCA, j'ai assisté avec deux copains à la prière protestante. Ces Américains sont toujours les mêmes, je suis toujours surpris par la décontraction avec laquelle ils expriment leur religion. À Greenwich, dimanche, dans un coin du parc, des jeunes beatniks lisaient la Bible en public et mimaient des scènes de la vie du Christ. L'ange était un beatnik très sale, la Sainte Vierge, une beatnik aussi maigre et encore plus sale. Après avoir mimé, ils lisaient la Bible et il y avait déjà un tas de monde autour d'eux, c'est inouï, cette naïveté.

Lundi matin.

Hier soir, soirée très sympa. Dès ce matin, il y avait un monde fou dans le métro ; les Américains vont d'un pas décidé au travail, tous le journal à la main ; ils portent des chemisettes très fines.

Plus que jamais je veux partir, sans doute demain, avec le copain dont je vous ai parlé. Notre but : la Californie en passant par le Sud et le Texas. D'autres copains partent comme nous ; mon aventure de l'an dernier les ayant aussi poussés à se décider. Demain, vers midi, nous serons à la recherche d'une sortie de New York. Je réalise à quel point les États-Unis sont immenses. Je dois être un peu fait pour l'aventure car je n'aimerais pas trouver dès demain une voiture qui nous emmène directement en Californie. J'aime le suspense, l'imprévu, l'inconnu et même quelques difficultés. Aujourd'hui, nous allons donc préparer le départ. À 2 heures, nous allons voir J. Sallebert, le reporter de la télé qui doit être de retour de Golfe-Juan. Nous allons préparer nos pancartes. Peut-être que tout sera différent de l'an passé.

Je pense beaucoup à vous. J'aimerais bien parfois être avec vous tous. Papa, tu peux toujours m'écrire ici mais n'ayant pas encore pu rencontrer mon ami Richard, je ne sais si je pourrais recevoir le courrier sur place. Je vais vous quitter en vous embrassant.

Dernière nouvelle aux USA, grève générale des principales compagnies aériennes (Pan Am, TWA), nous avons des chances de trouver davantage de voitures sur la route.

Paul

LETTRE

Denver, Colorado, vendredi, 5 heures

Chers tous,

Je me rappelle que dans ma dernière lettre, j'espérais un tas de choses de ce voyage. J'étais très optimiste. Il m'est beaucoup plus difficile de l'être maintenant.

Je vous écrivais donc cette lettre à New York et je vous disais que j'allais sans doute partir avec un camarade. Alors je reprends tout : le mardi, nous rencontrons deux autres Français qui eux aussi veulent quitter New York. Bien entendu, nous ne pouvons pas partir à quatre en auto-stop et essayons de trouver le meilleur moyen pour quitter New York et sa banlieue.

D'un seul coup d'un seul, nous pensons au transport de voiture qui se fait énormément dans ce pays. Les petites annonces du *Times* nous donnent une adresse. Je téléphone : nous tombons sur une occasion extraordinaire convoyer : une voiture à Denver, Colorado. Des quatre, c'est encore moi le plus enchanté, ayant de très bons amis de l'année dernière dans cette ville. Nous sommes fous de joie. Partir avec cette grosse voiture, c'est super ! Dès mardi soir, nous avons la voiture et déjà, nous nous baladons dans New York que nous voulons quitter le lendemain de bonne heure. La voiture doit être acheminée à Denver samedi.

À minuit, la voiture est devant le YMCA, prête à nous emmener loin d'ici. Nos valises sont déjà chargées à l'intérieur. 9 heures le lendemain, premier coup de théâtre : au réveil pas de voiture sur le trottoir. Panique entre nous quatre. Après des démarches interminables de plusieurs heures, nous retrouvons notre voiture sur les quais de West Side dans une fourrière. Cet imbécile de copain nous avait assuré que nous pouvions la laisser jusqu'à 9 heures devant le YMCA. Il nous faut payer 25 dollars pour la récupérer. Nous retrouvons la voiture avec un déflecteur brisé et constatons avec stupeur que nous avons été véritablement cambriolés dans la nuit. Ma valise n'est plus dans la voiture. Je deviens fou ! Je n'arrive pas à y croire. Mon autre copain n'a plus son sac, ni son passeport et n'a plus de travellers cheques. J'ai un coup de cafard terrible. Ma valise était archipleine de choses que j'aimais tant et que je voulais offrir aux amis de l'an dernier. J'avais des costumes que je voulais donner, ma collection de timbres et toutes mes affaires. Il ne me reste plus que ma trousse de toilette, mes papiers, mon polo et mon pantalon de velours que j'avais sur moi. Police, Consulat, etc., on nous envoie balader. Dans cette ville, il y a, dit-on, 500 agressions par jour : nous ne les intéressons pas. J'essaie d'être réaliste mais je n'y arrive pas. 6 semaines ici avec 1 polo, 1 pantalon, 1 rasoir et 1 savon et si peu de fric. Malgré cette catastrophe, je pars de New York avec mes 3 copains pour Denver.

Nous sommes arrivés hier soir après 3 500 kilomètres, sales, pas rasés. Ce voyage a été crevant de jour comme de nuit. Nous sommes passés par Columbus, Indianapolis, Saint-Louis, Kansas City, en nous arrêtant une journée dans le Missouri que je ne connaissais pas.

Hier soir, je téléphone à des amis que je veux absolument revoir ; j'apprends à connaître ce pays : ces amis pour la plupart ne sont plus là, ils ont déménagé comme tout le monde ici. Mes deux copains que j'avais tant appréciés l'année dernière ne sont plus là non plus. On me dit qu'ils sont allés gagner plus d'argent ailleurs. Une autre amie est partie en Floride, à Miami, là encore pour gagner davantage. Ce dollar, c'est inouï !

Je ne veux pas me décourager et abandonner mon but mais je me demande si je suis vraiment en vacances. Il faudrait que je travaille mais, vous le savez, j'ai trop peur de me faire coincer avec mon simple visa : l'amende serait de 300 000 à 400 000 francs dont 50 % pour celui qui dénonce. Hier soir, les deux copains se sont couchés et Jim et moi sommes allés dans un cabaret étudiant où deux jeunes chantaient des ballades à la guitare. Je me suis senti bien. Mon polo sentait mauvais mais ça ne faisait rien. Par hasard, j'ai fait des retrouvailles extraordinaires : un copain que j'avais connu l'an passé (avec qui j'étais allé à Cheyenne au fameux rodéo). Nous avons parlé ensemble pendant 5 heures. Il est étudiant en droit.

Cet après-midi, rencontre encore plus extraordinaire. Je n'y crois pas... Devant le YMCA, que vois-je ? Le fameux camion de Rock Island ! Vous vous souvenez de l'année dernière : je retrouve Dale, le chauffeur, nous sommes tous les deux très heureux de cette incroyable coïncidence. Il m'assure qu'il n'a pas reçu ma lettre ! Ils font étape et refont la même balade que l'an passé. Dale veut m'emmener. Je voudrais repartir avec eux mais c'est trop facile de revoir les mêmes choses ! Laurent (un de nous quatre) se joint à eux, c'est sa route. Il veut rejoindre Los Angeles. Laurent est donc parti depuis une heure, son copain se retrouve seul. Il n'a pas pu partir avec Dale et le camion car il doit passer 6 jours la semaine prochaine en Californie. Il sait que partir avec nous est impossible, rien que pour l'auto-stop ! Dale, lui, refait une balade au Texas. Il insiste à nouveau pour m'emmener avec mon copain Jim mais ils ne rentreront que le 6 septembre, jour de notre départ de New York pour Paris. C'est impossible.

J'éprouve un tas de choses et je me sens surtout très « nu ». Je parlais souvent de chance et voilà que sur une file de 100 voitures sur cette rue de New York, c'est la nôtre qui a attiré cet inconnu alors que rien n'était apparent et que tout était fermé ! J'avais emmené tellement de choses pour offrir : les timbres, les vieux livres y compris 2 cartouches de cigarettes qui me manquent comme le reste.

De temps en temps, je voudrais vous demander conseil. Il y a des situations où c'est dur de se débrouiller tout seul. Je me sens un peu paumé même avec ce copain qui n'a pas tellement de choses lui aussi à se mettre. J'avais aussi plein d'adresses dans cette sacrée valise, tout quoi ! L'année dernière, la chance m'a aidé, pas cette année. Faut-il compter avec elle, je ne sais plus !

Je me sens un peu trop beatnik sans l'avoir voulu. Pourtant, je vais continuer et aller en Californie, sans doute en stop comme prévu avec Jim.

Je voudrais que vous m'écriviez à San Francisco que je veux absolument connaître. Voilà l'adresse Papa : Paul Salmon, Consulat de France, San Francisco, Californie, USA. Deux mots sur Jim. Il a déjà voyagé un peu dans tous les pays du monde y compris l'Extrême-Orient. Son père est metteur en scène à Paris.

Et vous, comment ça va ? Vous savez, Papa, Maman, je voudrais tant qu'on voyage une fois dans ce pays ensemble. Je voulais aussi vous dire que mon argent, en fait, conditionne un tas de choses ; en plus de cela, il faut que je m'achète le minimum : 2 slips, 1 paire de chaussures, des mouchoirs… Je pense encore rester dans le Colorado quelques jours et aller en Californie en passant par le Grand Canyon et Las Vegas, etc. Logiquement, Jim et moi partons en stop à moins qu'on ne trouve quelque chose, du genre convoyer des voitures.

Je vous embrasse.

Votre Paul

LETTRE

Los Angeles, Californie

Chers tous,

Je suis enfin au calme pour parler avec vous un moment. J'aurais bien voulu le faire plus tôt car depuis 6 jours, il s'est passé tellement de choses.

Actuellement, je suis là seul, dans un bar au frais, une bière devant moi. Et devant le bar, notre voiture, notre Volkswagen que nous avons louée hier matin. C'est une folie qui n'en est pas une ici et nous n'avons pas hésité. Hier matin, nous étions à Los Angeles et je voulais revoir ici deux camarades (un connu l'an passé à Denver, l'autre que j'avais connu à Grenoble). Mais ces amis habitaient l'un à 60 kilomètres, l'autre à 80 kilomètres : c'est ça l'Amérique, ces grosses villes où on se sent tellement impuissant devant les distances.

Il faut accepter tout cela, tout ce qui est différent de nos petites habitudes.

En ce moment, Jim est près d'ici chez un de ses amis peintres qu'il a connu à Paris et j'ai préféré les quitter pour être plus à l'aise avec vous.

Vous ne pouvez pas vous imaginer tout ce qui vient de se passer depuis Denver pour rejoindre la Californie : mon coup de cafard dans le désert de Mojave, la découverte des parcs de Zion et de Bryce Canyon, ma nuit à

Las Vegas où j'avais un Noir à mon service. Là, on a passé une nuit et une journée avec ce qu'on appelle les milliardaires d'ici. Il y avait aussi avec nous toute la troupe des Folies Bergères du *Moulin Rouge*. Il y avait des chanteurs, des vedettes de cinéma ou des jazzmen comme Harry James. J'avais un costume et une cravate et ma chambre coûtait 40 dollars. C'est de la folie bien sûr, de la folie à l'américaine. C'est notre ami Garry, un médecin du New Jersey, qui nous a offert tout cela. À peine avait-il arrêté sa magnifique Pontiac GTO pour nous prendre à bord que j'avais en main sa caméra avec l'ordre de filmer tout ce qui me plaisait.

Nous avons traversé avec lui le plus chaud désert du continent Nord, on ne pouvait pas sortir de la voiture qui, elle, avait l'air conditionné.

Avant la rencontre de Garry, il y a eu l'épisode du Grand Canyon. Nous avons descendu les 15 kilomètres du canyon et les avons remontés pendant 8 heures. Nous sommes arrivés au sommet complètement morts. Nous avons fait cela avec deux filles, je précise « deux catholiques », vous voyez ce que ça veut dire. Sur le tableau de bord de leur voiture, des Jésus, des « Bon Dieu » et des Sacrés Cœurs et elles chantaient : « Tout peut nous arriver, qu'importe puisque nous avons avec nous notre Jésus en plastique ». Sacrées Américaines !

Il y a eu aussi l'épisode de notre fermier, un petit fermier qui possède 300 têtes de bétail dans son ranch de l'Utah. Un vieux extraordinaire qui pour une journée a cessé son travail et s'est reposé avec nous.

Il y a eu aussi l'épisode de ce fameux pédéraste qui nous a offert 5 bouteilles de whisky, sa maison et son avion si on voulait.

Hier soir, nous étions sur une plage du Sud chez mon ami Georges qui était à Denver l'an passé. Nous avons dîné avec un Hawaïen, champion du monde de karaté. Georges nous l'avait présenté peu de temps avant à son entraînement hebdomadaire. Nous revenons maintenant de Disneyland, ça n'arrête pas ! Demain matin, nous rendons la Volkswagen dont nous n'aurons plus besoin, puis nous allons quitter Los Angeles pour le Nord de la Californie et surtout San Francisco où j'espère tellement vous lire.

Jim reviendra sans doute à Los Angeles et vers le 20 août, nous retraverserons les États-Unis, on ne sait pas encore vraiment. Au cours de ce séjour, je suis très gêné par mon manque d'argent. Si l'an dernier, mon aventure a pris l'aspect d'un petit record financier, je ne voudrais pas que ça se reproduise cette année car moi aussi, j'ai souvent envie de faire plaisir à ceux que je rencontre. J'ai trop souvent envie d'un steak, d'une chambre d'hôtel au calme, d'offrir quelque chose à quelqu'un, louer une voiture dans une ville qui fait 150 kilomètres de long, bref ne pas me priver constamment.

Je n'aime plus tellement dormir sur le ciment ou manger des sandwichs quand on se retrouve tous les deux. Ça m'ennuie aussi parfois d'être un peu sale. Mais ce n'est pas grave pour l'instant.

Néanmoins, vous serez peut-être étonnés de savoir que j'ai envie de vous demander de l'argent, 30 000 ou 50 000 francs. Vous me l'enverriez par chèque à New York à l'adresse du YMCA, ça doit être très simple, il y a tellement de banques à New York qui travaillent avec la France. Ça doit être possible, non ?

Il est 3 heures, je vais téléphoner à Jim, je vous parlerai de ce copain à mon retour. On a les mêmes idées, on se sent « des gars du voyage ». Ce soir, nous allons à Hollywood voir un metteur en scène américain, ami du père de mon camarade. Pour cette nuit, sans doute nous coucherons dans la Volkswagen.

J'ai beaucoup pensé ce matin à ma petite Dedette en visitant Disneyland, c'était formidable. Je vais vous quitter en vous embrassant très fort. Je me réjouis de monter à San

Francisco trouver certainement des lettres de vous. Nous allons longer toute la côte Pacifique. Je vous embrasse.

Paul

LETTRE

San Francisco, Californie, samedi 13 août 1966

Chers tous,

Inutile de vous dire qu'en arrivant à San Francisco, j 'ai foncé avec Jim au Consulat où j'ai trouvé vos trois lettres et les 10000 francs qui, croyez-moi, ne sont pas de trop. Ça m'a fait énormément plaisir de vous lire tous, d'apprendre que ces vacances se passaient si bien pour vous, je pense surtout à toi Papa. Tu as l'air tellement à ton affaire entre la pêche, la corrida, le tennis, l'Espagne (et la frontière ! ?) et aussi le rugby. Je t'avoue bien franchement que ça ne me déplairait pas du tout d'être avec toi à Hossegor. En fait, avec vous tous.

Je dois aussi te dire que l'argent non demandé m'a fait un sacré plaisir. Vous avez dû recevoir ma lettre de Los Angeles où je vous demandais de m'aider en envoyant un mandat à New York. Finalement, la solution de glisser des gros billets est sans doute aussi simple. J'espère qu'en arrivant à New York, je trouverai d'une façon ou d'une autre du « consistant », du fric quoi ! sans quoi ce sera sans doute la misère.

Pour ce qui est du sursis de mon service militaire, la limite étant bien dépassée, je m'en occuperai au retour. J'ai acheté 5 chemises, le tout pour 3 dollars (300 francs la chemise). Vous comprenez pourquoi on ne peut pas les acheter à l'unité. J'ai acheté aussi un pantalon à 1 dollar dans un magasin en faillite. Étant donné qu'il fait très froid ici comparé au Sud, on me prête des pull-overs. Je me monte petit à petit. L'ensemble n'est pas parfait mais ça va beaucoup mieux qu'il y a 15 jours.

Je vous écris donc en ce moment de l'université de Berkeley. Nous avons quitté San Francisco, il y a deux heures et nous sommes maintenant dans le campus d'une des plus grandes Universités américaines. Je découvre un autre monde que j'ignorais : ici, à Berkeley, on « fabrique » un peu de tout : les meilleurs étudiants de tout le continent Américain, des éléments atomiques, et le fameux LSD dont tout le monde parle ici : une drogue qui a des effets atroces. Ce sont les étudiants eux-mêmes qui en fabriquent une partie.

Ici, notre vie se passe chez et avec les Américains. Si à Los Angeles nous avons pris un peu de repos, ça n'a pas duré longtemps. Après Los Angeles, nous sommes remontés sur Fresno où nous avons été reçus chez des amis que j'avais plus ou moins connus à Grenoble. Là, on nous a lavés tout ce qu'on avait de sale et l'accueil a été super. Après Fresno, nous avons rejoint San Francisco. Et sur la route, nous rencontrons John, étudiant en chinois à l'université de Stanford ; il est marié, n'a qu'un bras et a un cœur d'or. Il nous emmène au Consulat où je pense trouver vos lettres. En effet, je les trouve mais en plus trois messages, un de Garry qui veut absolument nous retrouver ici, un d'un ami de Los Angeles qui est remonté à San Francisco et un autre message d'un ami de Jim. Nous ne savons plus où donner de la tête. Nous passerons notre première soirée avec John et sa femme. Nourriture chinoise avec du chianti et du Bourgogne ; on parle du monde en général, des voyages, du Victnam, de l'Europe, du communisme, puis John nous emmène chez d'autres amis. C'est la première fois que nous rencontrons un Noir et une Blanche mariés ensemble et tout naturellement nous discutons… racisme sans aucune gêne.

Le lendemain, avant-hier, nous retrouvons Garry qui nous emmène dans un des plus grands restaurants de San Francisco où je ne peux m'empêcher d'offrir une bouteille de vin d'Anjou. Garry veut ensuite nous faire passer une soirée extraordinaire. Il nous offre les plus grands spectacles possibles à voir ici et pour la deuxième fois, vu la situation, j'enfile le costume de Jim. Avec Garry, j'ai la chance de voir et d'écouter Miles Davis.

Aujourd'hui, nous avons passé l'après-midi chez John et sa femme qui sont maintenant nos grands amis et à 5 heures, Garry est venu avec sa belle voiture. Il nous a emmenés déjeuner dans un très grand restaurant de la ville chinoise. San Francisco est une ville pleine de folklore et de touristes. Les rues sont tellement abruptes qu'il y a partout des tramways à crémaillère. Ici, tout le monde a l'air de s'amuser. Nous sommes logés de l'autre côté de la baie à Berkeley, à la Maison Internationale de l'Université. Nous nous reposons et rencontrons les étudiants sur le campus.

La semaine prochaine, nous avons à répondre à un tas d'invitations mais le plus extraordinaire, c'est que nous allons prendre l'avion et aller passer quelques heures à Reno, près de Squaw Valley. Garry s'occupe de tout. Si nous apprécions tant Garry, c'est qu'il nous aide à découvrir et à comprendre son pays et qu'il est terriblement sympa. Il est américain avec une culture européenne ; ça, ça réussit toujours. Parfois, il nous confie sa voiture et avant-hier, nous avons fait toute la baie de San Francisco avec sa Pontiac. Jim et moi avons une chambre commune. Nous parlons très longuement ensemble. Il a fait Paris-Bombay en Deux-Chevaux en 4 mois et m'a définitivement donné envie de faire un jour la même chose. L'Amérique nous heurte parfois. Hier soir en rentrant, nous avons vu sept voyous qui emmenaient une fille dans une ruelle en la torturant ! Quand la violence américaine se manifeste, ça fait très mal. Nous avons couru chercher un flic et sommes partis plus tranquilles.

Tout à l'heure dans le campus, il y avait 5 types qui jouaient du jazz. Tous les 5 étaient drogués. Ils jouaient les yeux fermés, la tête sur leur tam-tam. Je vous l'ai dit: Berkeley est d'un côté l'université la plus malheureuse. On nous dit que 30 % des étudiants se droguent et partout sur les murs on peut lire des avertissements, des « attention ». Hier, chez John, nous avons très longuement parlé avec un étudiant qui se met à la LSD, c'est inimaginable. On parle avec lui et puis il s'arrête d'un seul coup. De temps en temps, on nous en propose dans la rue ou bien dans un taxi et le plus affolant, c'est que ça ne coûte pas trop cher. Surtout ne vous inquiétez pas, ça ne nous arrivera jamais.

Demain, 14 août, nous irons déjeuner chez un chirurgien de l'hôpital de San Francisco. Je pense que dans l'après-midi, nous irons faire du bateau avec un ami que nous avons connu par Garry et qui a passé un an à la base d'Évreux en France. Ici, pour tout dire, je mange très bien: parfois des fruits de mer ou de la seiche et souvent des super-steaks qui à eux tout seuls font un repas entier. Je le demande toujours bleu, c'est excellent.

Au fait, écrivez-moi toujours à New York, même si nous quittons la Californie fin de la semaine prochaine. Nous reviendrons une partie en stop mais nous préférons conduire une voiture en passant par le Nord (Montana, Dakota, Minnesota), c'est beau et il fait très froid. Enfin, pas la peine de faire des projets dans ce pays, on verra bien.

Je vais vous quitter en vous embrassant très fort. Merci pour vos lettres qui m'ont fait tellement plaisir et à bientôt pour vous raconter ce voyage.

Paul

LETTRE

Los Angeles, Californie, le 20 août

Chers tous,

Il est 1 h 30, je me sens bien, les pieds dans la piscine, un immense chapeau chinois sur la tête. Autour de moi, des palmiers, des fontaines, des sphinx, des sculptures et à côté de moi une bouteille de Saint-Émilion, du camembert, des myrtilles, etc. Jim écrit lui aussi, allongé au milieu de la piscine sur une sorte de nénuphar en verre. Je viens de terminer mon petit-déjeuner, l'extraordinaire petit-déjeuner californien. Madame Wolstetter m'a apporté une grande assiette de fruits : du melon, de la pastèque, des myrtilles, du raisin, etc., et puis une onctueuse crème fraîche pour mélanger tout cela. Maintenant j'attaque le camembert du « Petit pâtre » en boîte de conserve « Product of France », du vrai pain et du saint-émilion 59 !

Je pourrais vous parler longtemps de tout ce qui m'entoure, du décor féerique dans lequel on vit depuis deux jours. Il faut traverser un parc où coulent des fontaines et où poussent des palmiers et des plantes exotiques pour d'abord arriver au garage qui s'ouvre automatiquement à l'arrivée de la voiture. À l'intérieur, trois magnifiques voitures dont deux vieilles Lancia de 1940, toutes brillantes de noir et de chrome, et puis il y a la maison que je vous décrirais longuement avec ses trois frigidaires où je peux prendre ce que je veux, une cuisse de poulet ou carrément boire à la bouteille un fond de Nuits-Saint-Georges. Autre détail : si la télévision ne m'intéresse pas et que je suis à dix mètres du poste, j'appuie sur une touche d'une boîte grosse comme une boîte d'allumettes françaises et la télévision s'arrête ou bien passe à une autre chaîne. Si je veux une émission en couleur, j'appuie tout simplement sur la touche « c ». Dans le salon à côté se trouvent des sculptures indiennes ou japonaises.

Nous sommes dans les montagnes de Los Angeles à la limite d'Hollywood ; les voisins s'appellent Frank Sinatra ou Stravinsky, c'est la place la plus chère de tous les États-Unis.

Nos nouveaux amis sont proches de Mendès France ou bien de Sartre. Madame Wolstetter est professeur d'économie politique à l'Université de Californie et Jeannie, leur fille, est danseuse à New York. Jim avait rencontré Jeannie en France : elle est à Los Angeles pour 8 jours en vacances et c'est pourquoi nous sommes ici. Ce matin avant de vous écrire, Monsieur Wolstetter m'a emmené dans son bureau et m'a parlé pendant un long moment de questions économiques et industrielles. Il a discuté entre autres de la nouvelle tendance des grandes écoles américaines telles que Harvard, Yale ou Los Angeles : les étudiants se prennent en charge et apprennent à décider sur des connaissances non seulement commerciales mais générales, scientifiques et psychologiques. En fait, on n'y apprend pas tellement à diriger une usine mais plutôt à réfléchir sur son job et son utilité économique pour les consommateurs. C'est un peu vite dit tout cela mais je t'en parlerais plus longuement, Papa, à mon retour. Tout ce que je peux te dire, c'est que je suis très heureux d'apprendre et de sentir qu'un séjour comme celui-là complète et enrichit les études que je viens de faire en les ouvrant davantage sur les problèmes du monde de demain. Hier soir, nous avons dîné au-dessus de Los Angeles dans le restaurant des artistes d'Hollywood, tout près d'ici : c'était féerique et j'étais un peu perdu d'être là avec mon col de chemise un peu sale.

Je vous quitte un instant, étant chargé de préparer et de faire cuire les steaks, si vous voyiez ces steaks ! Ils font bien 500 grammes. Monsieur Wolstetter a mis des bouteilles au frais. Nous déjeunons au bord de la piscine, c'est l'heure de l'apéritif, à plus tard.

Sept heures. Je vous retrouve. Monsieur Wolstetter et sa femme ont des visiteurs en ce moment, encore des personnalités. Avant que nous arrivions, ils ont reçu la visite de René Dumont, un Français qui a écrit pas mal de livres, notamment *L'Afrique est mal partie*. Actuellement, je suis dans un coin du parc dans un décor américano-japonais. J'arrive de la cuisine où j'ai été me servir une bonne ration de Scotch. Tout à l'heure, repas très sympa arrosé de vins, du Pommard « Clos la Commaraine », roquefort là-dessus et armagnac pour terminer.

Jim est au lit au frais dans la maison car, nous allons passer la nuit dans le désert le plus chaud de tous les USA.

En fait, depuis Berkeley et San Francisco, il y a eu du nouveau. Nous avons quitté Garry et les étudiants, toute l'ambiance à la fois attachante et déprimante de Berkeley. Nous reverrons Garry à Paris : il est parti avant-hier pour Hawaï. Jim est fatigué et comme moi redoute un peu de traverser tout le pays en stop, c'est tellement long, 8 000 kilomètres. Finalement, c'est pas mal, nous avons trouvé suite à une annonce une véritable petite maison à transporter à 5 000 kilomètres d'ici, en Floride, à Miami. Notre « maison », c'est un petit camion Volkswagen Campeur, une petite machine drôle mais dangereuse car la direction est un peu malade. Nous avons notre VW depuis San Francisco et depuis avant-hier, nous avons fait 700 kilomètres de San Francisco en repassant une deuxième fois par Los Angeles par une route qui rappelle Saint-Michel-Le-Porteau à Pornic. Une route magnifique qui domine les falaises avec les plages du Pacifique.

Première halte donc ici. Mais nous partons ce soir vers minuit pour éviter la chaleur torride du désert. 5 000 kilomètres à faire : nous devons être à Miami le 29 août, via Sud Californie, Sud Arizona, Nouveau Mexique, tout le Texas, étape à Dallas, puis les États racistes du Sud, Louisiane, Mississippi, Alabama et Floride.

Notre VW est une véritable maisonnette : cuisine, table, armoires et la nuit un grand lit où nous dormirons. Pas de problème, on gare ça où on veut, on dort où et quand on veut. Je me réjouis de découvrir les derniers coins des USA que je ne connais pas encore. Par contre, 5 000 kilomètres avec cette petite machine, ce sera bien long et souvent pénible mais c'est rêvé.

À Miami, il nous restera encore à remonter toute la côte Atlantique, sans doute en auto-stop. Déjà quelques bêtises sont écrites sur le VW, par exemple « Just married », ça fait rire les Américains.

Nous devons payer l'essence prévue : 20 000 ou 25 000 francs. J'arriverai donc à Miami véritablement fauché ; inutile de te dire Papa que je compte sur quelques billets en arrivant à New York.

Nous partons donc d'ici quelques heures : nous resterions bien ici, mais seulement dans la maison de nos amis car Los Angeles est une ville déprimante que Jim et moi ne pouvons pas supporter. Ce n'est pas à notre mesure, c'est tellement immense. La ville fait plus de 120 kilomètres de long. Il y a pourtant des choses extraordinaires mais tout est loin. Je regrette un peu la brièveté de nos séjours : trop souvent nous n'avons pas le temps d'approfondir. Nous pensons maintenant au retour, quittant ce soir la Californie. Vers 5 heures du matin, nous entrerons dans les réserves indiennes, en Arizona. La Californie, c'est là que j'ai mes meilleurs souvenirs car depuis 15 jours, il s'est passé tellement de choses ici.

Je vais vous quitter. Nos affaires et le VW sont prêts ; tout à l'heure j'irai réveiller Jim qui va prendre le volant une partie de la nuit. Une nouvelle aventure commence ce soir, une qui va nous faire connaître tout un coin encore méconnu des USA. Je me réjouis de vous lire à New York et vous embrasse très fort.

Paul

LETTRE

Desert Center, Californie, mercredi 24 août

Chers tous,

Nous voilà bloqués depuis trois jours en plein centre du désert, précisément à Desert Center au Sud de la Californie, quelques heures de route après Palm Springs. Je crois que nous pourrons quitter cet enfer et reprendre la route dès ce soir. Que s'est-il passé ?

Lundi 6 h 30 du matin. Je reprends le volant. Il fait 45, 50°. Jim s'installe derrière et s'endort. Je roule doucement car au moindre coup de vent, c'est une pluie de sable qui s'abat sur le pare-brise et le VW a du mal à tenir la route.

7 h 30. Le VW s'arrête d'un seul coup. Je quitte l'autoroute et stoppe à l'entrée d'une piste sur le côté. Dehors, l'air est bouillant, torride. Le moteur a l'air touché. Nous essayons de repartir, impossible, ou alors on va tout casser. Il y a très peu de voitures et les gens ne s'arrêtent pas à notre signe de semi-détresse. Nous confectionnons un panneau « Help us » (aidez-nous). Finalement une voiture s'arrête. Je monte et laisse Jim garder le « camion ».

Nous faisons 70 kilomètres avant de trouver un genre d'oasis absolument désert où je m'occupe de trouver un garage. Vers 9 heures, je trouve enfin un semblant de garagiste. Son tarif de remorquage : 1 dollar/miles ; 70 km x 2 = 140 km = 90 dollars. Il n'y a pas d'autre solution. Nous retournons au VW que nous ramenons sous une chaleur, je ne vous dis pas ! Bilan de la panne : nous avons coulé une bielle sans aucune raison puisque tout était OK. Selon les consignes reçues au départ, nous devons téléphoner au futur propriétaire en Floride. C'est le garagiste qui s'occupe de tout cela. Il plaidera notre cause à juste raison. Le VW a été acheté par correspondance et le moteur devait être à demi bousillé avant que nous le prenions. Le futur propriétaire, un docteur, demande que le VW soit conduit au plus proche service Volkswagen. Encore 150 kilomètres de remorquage, je passe sur tous les détails (chaleur notamment). Nous arrivons à Desert Center absolument désert ! Tous les gens dorment ou bien sont en vacances au frais ailleurs. L'ambiance est plus mexicaine qu'américaine. Et pourtant là, il y a un garage Volkswagen. Nous quittons notre remorqueur. Il a fait sa semaine et laisse une note de 100 000 francs à ce pauvre docteur qui une heure plus tard apprend que le total pour la remise en marche est de 600 dollars. Car dans ce pays, on ne répare pas, on change tout le moteur et vlan !

J'ai le docteur au bout du fil. Il ne nous en veut pas trop et comprend qu'il a dû se faire rouler à 100 %. Le VW a dû coûter 800 dollars, la réparation coûtera 600 dollars. Il n'y a que 2 ou 3 motels ici. Finalement, on arrive à avoir une chambre à air conditionné pour 2 dollars chacun. Dîner à base de taco mexicain.

Mardi. À 9 heures, nous sommes au garage. Nous devons avoir une réponse de Floride : ou on abandonne le « camion » ou on y met un nouveau moteur. Suspense ! Midi, pas de réponse. On n'en peut plus ! Et quoi faire ici. Il n'y a personne, seulement des Mexicains sur les trottoirs, et dans les bars sombres des Américains qui boivent de la bière en jouant au billard. Il fait toujours très chaud. Dès que je mets le nez dehors, je me mets à courir le plus vite possible.

À 2 heures, toujours pas de réponse. Décision énergique, je me propose pour aider un Noir à laver des voitures. À 3 heures, le patron qui sympathise beaucoup avec nous me donne 6 dollars, c'est toujours ça. Enfin, réponse de Floride : mettre un nouveau moteur neuf, ce qui veut dire pour nous semi-rodage pendant 2000 kilomètres et on doit être à Miami le 29 ! Le patron du garage téléphone d'urgence à Los Angeles, le moteur sera là demain à 8 heures.

Mercredi, on retourne au garage. Contre-ordre, le moteur ne sera là qu'à 1 heure !!! Il est 12 h 30, le patron a pitié de nous et nous met son salon à disposition. En ce moment, je bois et Jim est allongé et lit *L'histoire des États-Unis* d'André Maurois. Heureusement que nous sommes ensemble tous les deux. Jim est très intéressant. Il a cependant les idées très à gauche et y croit très fort. 1 heure : on va faire un tour au garage. Rien. 3 heures : encore rien, toujours rien, ce n'est pas possible ! Si ça continue, on ne pourra partir que demain et donc perdre une nuit si précieuse pour éviter la grosse chaleur.

En plus de cela, les lois californiennes nous empêchent de coucher dans le « camion », celui-ci étant bloqué sans moteur dans le garage qui est considéré comme un dépôt de pétrole. Nous ne pouvons pas non plus coucher dehors. Nous sommes démoralisés surtout qu'ici, il n'y a rien à faire et que nous n'avons surtout rien envie de faire. Et puis désormais, il va falloir rouler comme des dingues pour rejoindre la Floride. Nous vivons à la montre. Logiquement, ce moteur a quitté Los Angeles ce matin, mais ici, c'est tellement paumé… C'est déjà la fin de notre troisième journée. Je vous laisse, il est 3 h 20, plus tellement de chance pour que, si le moteur arrive maintenant, ils aient le temps de le monter ce soir.

11 heures, mercredi soir.

Avant de me coucher, deux mots. Je suis allongé sur la moquette de notre chambre. Nous avons air conditionné et salle de bains toujours pour 2 dollars, une faveur du patron. Le moteur est arrivé à 5 heures. Nous serons sans doute prêts à partir demain midi. Nous passons notre troisième nuit dans cet enfer. Je vous dis donc bonsoir. Sachez que nous allons rouler sans arrêt pendant 5 jours et malheureusement, peu de tourisme au programme. Il y a des moments où je déteste ce pays : 4 jours bloqués ici, on s'en souviendra.

Je vous embrasse. Nous devons être à Miami le 29 et à New York vers le 2 ou 3 si tout se passe bien.

Paul

CARTE POSTALE

Merrit Island, le 30 août, Cap Kennedy

Chers tous,

Il est 5 heures. Depuis ce matin 8 heures, j'ai visité Cap Kennedy. Je suis là depuis deux jours. C'est passionnant de vivre dans ce milieu de mordus pour cette fameuse « conquête de la lune ». Après trop de péripéties, nous sommes tout de même arrivés en Floride et Jim est remonté hier soir sur New York pour régulariser ses histoires de passeport. Je pars donc tout seul demain matin sur New York, encore 2 000 ou 3 000 kilomètres en stop. Il me tarde de vous lire et je vous embrasse très fort.

Paul

LETTRE

New York, Sloanne House, vendredi après-midi

Cher Papa, chère Maman,

Je ne sais pourquoi je ressens tellement l'envie en ce moment de venir causer avec vous, tout spécialement avec vous deux. D'abord merci pour tout ce paquet de lettres que j'ai trouvé tout à l'heure en arrivant ici, j'étais tellement pressé de les lire que, ce matin, je ne me suis même pas arrêté à Philadelphie. Merci Maman de ton petit coup de pouce supplémentaire. Je vous raconterai à la maison l'histoire du petit Salmon, un peu crotteux dans les salons de la Morgan Bank sur la 5e Avenue, s'entretenant avec Monsieur le Vice-Président qu'on a même déplacé pour moi. C'était véritablement comique. En fait, il a fallu que je « sème ma merde » à ma façon pour toucher mon chèque malgré le manque d'une contre-signature. Et je suis parti avec mes 100 dollars, suivi d'un groom très chic qui essuyait avec un petit balai en nylon les traces un peu sales que faisaient mes pas sur la belle moquette pourpre ! !

Je vais tâcher, Maman, de remettre un peu sur pied mon trousseau. Ce serait trop dommage d'acheter chez Arpa à Nantes des chemises américaines sur lesquelles il doit faire au minimum une triple culbute.

Je suis donc arrivé à New York ce midi. J'ai pris une chambre au YMCA. En débarquant ici ce matin et en me regardant dans les glaces, je me suis trouvé un air de New-yorkais avec mes socquettes blanches, mes cheveux longs et ma vieille veste kaki qu'on m'a donnée.

Et voilà. Cette longue ballade s'est terminée par Cap Kennedy et par 2500 kilomètres en stop de la Floride à New York avec des arrêts en Géorgie, Caroline, Virginie et Washington. Le tour fut assez rapide. Avant de rejoindre Cap Kennedy où j'ai passé deux jours, nous avons eu un tas d'ennuis, nous étant totalement fait avoir par le salaud qui s'occupait des paperasses du transfert du VW. Un très sale coup qui nous a coûté 50 dollars malgré toutes nos démarches à la police et l'aide de la famille américaine d'André, mon copain de Grenoble. Après son bac, il avait passé un an chez eux. Malgré tout, les finances vont tenir le coup jusqu'à mardi.

Ce voyage de retour a été superbe, malheureusement nous étions trop sous pression ! Nous avons découvert d'autres États-Unis, en passant par des coins aussi divers que le Texas et la Louisiane. Je revois toutes les scènes de familles noires sur les trottoirs de la New Orleans ; les Blacks en pantalon « chico » avec des espèces de canotiers ; nos repas à base de bananes grillées ou de maïs ; toutes ces nuits où nous roulions à fond, au frais, pour profiter ensuite des journées, boire des cocas dans ces rues où il se passe toujours quelque chose.

En Floride, nous avons longé tout le golfe du Mexique par St-Petersbourg et les Everglades où il y a encore des centaines de crocodiles dans des marais pleins de moustiques. Et Miami, quelle ville ! Il me faudrait des heures pour tout vous raconter : les Cadillac roses ou violettes, des Noirs avec des gueules extraordinaires ! Et puis les superbes banlieues Fort Lauderdale, West Palm Beach.

À Cap Kennedy, j'ai retrouvé la famille américaine d'André. Le père est aujourd'hui ingénieur à la Douglas. La famille a été très accueillante. Jim a dû filer mais j'ai tenu à rester avec eux. Depuis deux jours on ne parle plus que de découverte de l'univers. Les Américains veulent être les premiers. Ils considèrent que c'est leur devoir de découvrir le monde avant les autres ! On en parle jusqu'à deux heures du matin.

En fait, ce séjour ici, je l'ai beaucoup aimé malgré des moments parfois très durs. Je ne sais pas trop pourquoi mais cela me passionne. Je me suis senti si heureux à découvrir, à comprendre, à savoir et à expliquer. J'ai parfois un peu peur de me sentir si enthousiaste dans cette découverte du monde qui me donne tant d'émotions. Je crains que, plus tard, on ne me critique parce que, dans ma profession, j'aurai souvent l'envie de m'intéresser à ce monde qui m'entoure ! Ça me donne envie de réaliser plein de choses. Je ne crois pas que ce soit un goût de l'extraordinaire que j'ai en moi mais quelque chose de beaucoup plus beau, je ne sais pas trop quoi.

Absolument rien, je crois, ne peut remplacer ce qui vient de se passer pendant ces semaines. Cette découverte d'une autre Amérique que je ne connaissais pas m'a permis de réfléchir. Tu ne peux savoir, Papa, à quel point j'ai souvent besoin de toi et de ta présence. À ma façon, je crois énormément en toi, c'est-à-dire à tout ce que tu me fais sentir et partager. Je crois en ta droiture et je peux te dire que c'est avec toi qu'un soir à Berkeley, j'ai refusé sans trop savoir tellement pourquoi du LSD. Je suis sûr que, tous les deux, vous me comprenez quand je dis cela.

Tiens, le racisme, quelle affaire ! Il y a des choses certaines, le Noir essaye de gagner son égalité raciale et se bat par des moyens qui ne vont pas du tout avec le tempérament américain. L'Américain blanc n'aime pas ces manifestations de « marche » de 800 kilomètres qui ont trop l'air de mouvements de violence. Mais par contre, j'ai vu si souvent dans le Sud des bus où il n'y avait pas un Blanc, ou bien des gens s'arrêter devant un restaurant et demander si c'est une « coloured place ».

Ce genre de discussion rejoint celles qui touchent la politique ou bien les systèmes économiques. Très souvent ici, on va d'un opposé à l'autre vu tous les contrastes frappants des USA. On rencontre à la fois la grosse misère, plus grosse encore quand on la compare avec ces très riches Américains que je n'avais pas rencontrés l'an passé. Il y a d'un côté ceux qui gagnent de plus en plus, au détriment peut-être de ceux qui gagnent de moins en moins.

Je me sens privilégié de vivre ainsi dans le monde et j'ai envie de vous remercier très fort. Je continuerai à vous faire partager tout ce que j'ai vécu ici. J'ai envie de vous revoir très vite et de retrouver tout ce que j'aime à la maison.

Bien qu'il soit un peu tard, cette lettre devrait pouvoir partir aujourd'hui sinon j'arriverai peut-être en même temps, lundi étant le « Labour Day » (fête du travail). Je prends l'avion mardi à 4 heures puis Bruxelles - Paris. Je vous téléphonerai très vite. J'en ai des choses à vous dire.

Votre Paul.

DEUXIÈME PARTIE

COUP D'ÉTAT SUR LA GOLD-COAST

Lettres d'Afrique
de Monique et Paul Salmon
1970-1972

LA TRACE DES PREMIÈRES ANNÉES

Nous sommes en 1969. Je travaille depuis deux ans à l'étage de la Division Internationale de Rhône-Poulenc, à Paris.

Le job est intéressant, mais tout va trop lentement.

Je vais épouser Monique… qui me confie, quelques semaines avant notre mariage, qu'elle ne veut pas me rejoindre à Paris ! Elle invoque la nature, nos chemins, nos espaces de lumière et de liberté.

Quelques jours plus tard, je tombe sur une annonce : un job dans le commercial, en Afrique anglophone, à Accra. Alors dans notre tête à tous les deux se déroule un film magnifique : la brousse, les pistes à l'infini, un poste fait d'aventures, de découvertes et de responsabilités. La décision est vite prise…

Les trois années passées là-bas, ont été vécues entre la passion d'une vie aux multiples dimensions et, progressivement, la turbulence d'un coup d'État et d'un véritable séisme économique.

Enfouies pendant longtemps dans les placards, les lettres des uns et des autres ont été retrouvées. Elles continuent aujourd'hui à résonner d'émotion et de souvenirs : nos premières années communes, la passion des projets de développement et de ventes dans cette ancienne Gold Coast britannique, quelque part sur la côte occidentale de l'Afrique.

Et puis… les débuts de vingt-huit ans de construction commune, quelques mois avant la naissance de Laurence en mai 1972.

Paul Salmon

Premières lettres d'Accra et de Kumasi de Paul et Monique à leurs familles

(mars à septembre 1970)

Vive le Ghana !

Accra, le 17 mars 1970

Chers tous,

Je vous joins un petit mot du bureau. Je viens d'enregistrer ce matin une commande de 24 « MiniMoke », petites jeeps de brousse, destinées au ministère de la Santé. C'est une victoire sur la concurrence (Japonais, Russes, Américains). Ce qui me rend le plus heureux, c'est la forme que nous avons tous les deux… Monique est folle de joie quand nous partons faire nos virées dans la brousse, dans des villages complètement perdus… À d'autres moments, nous allons sur la côte, jalonnée de ports de pêche magnifiques. Monique s'arrange à merveille avec les « mémés » africaines et arrive à avoir 10 langoustes pour 15 à 20 francs.

Dans trois semaines, nous partons dans la grande ville du centre du Ghana, Kumasi, où je vais prendre pendant quatre mois la direction de notre agence. Nous vendons là-bas des machines qui coûtent de 200 à 300 000 francs. Ça me change des produits chimiques de mon ancien job chez Rhône-Poulenc à Paris. Je découvre un domaine nouveau : l'automobile, le matériel de brousse et de Travaux Publics, la construction des véhicules puisque nous fabriquons sur place la Super Goélette Renault et le 4X4 Scout de chez International Harvester, le tout à partir de pièces détachées !

Nous travaillons aussi beaucoup avec les pêcheurs à qui nous vendons des moteurs In-board et Hors-board (Beaudoin et Johnson). Nous sommes également les agents de Hyster, leader européen du chariot électrique. Et beaucoup d'autres choses dont Barber Green pour la réalisation de routes. Tout cela est passionnant.

À bientôt.

Paul

Accra, 24 mars 1970

Chers tous,

Beaucoup de choses se passent ici. Notre dernière semaine a été bien chargée. En dehors de nos sorties (promenade sur le port de Tema, marchandage de poissons et crustacés avec les mémés africaines, un petit tour en ville par ci par là), nous avons été reçus par l'ambassadeur de France dans sa résidence. Autour de la table, Monique était placée face à lui et elle avait d'un côté l'ambassadeur du Mali (en costume national) et de l'autre côté le seul chef de village dans toute l'Afrique à être un Blanc. Un type intéressant qui ici, à Accra, en plus de sa responsabilité de chef, possède une ferme modèle, une imprimerie et un grand restaurant. À la fin de la soirée, l'ambassadeur a pris Monique par la main (et moi aussi). Il nous a dit que nous nous reverrions souvent...

Nous venons de passer un excellent week-end. Départ samedi midi avec la caméra et 3 ou 4 films. Le film est en traitement en Angleterre : vous le recevrez dans quinze jours. Verrez Monique devant la maison, au milieu des fleurs, au volant de sa Fiat, au marché, puis en brousse avec des Noirs qui viennent la demander en mariage... Rien n'a changé depuis les films de patronage. Les maisons sont des huttes avec des murs de terre. Les femmes allaitent leurs enfants et tassent le jam dans de grandes jarres en terre. À Accra, c'est le contraste les Noirs dans leurs Mercedes, les avenues, les résidences somptueuses... Cette disproportion est troublante.

Je voulais aussi vous dire que certains problèmes rendent mon job difficile. Ce pays se trouve en pleine concurrence mondiale (Europe, USA, Japon, Chine) et les idéologies (marxisme, socialisme, capitalisme) sont très présentes. Les autochtones sont sollicités. Ils ont envie, eux aussi, d'avoir leur Mercedes, leur bungalow et leur fils à l'université. Mais, ils n'emploient pas toujours les bons moyens pour y parvenir. Ils veulent très vite acquérir le standard européen, et empruntent beaucoup d'argent qu'ils ont du mal à rembourser en devises. Il y a, par exemple, sur le grand port de Tema un grand hôtel international que notre service technique a équipé en ascenseurs. Partout des escaliers de marbre, etc. L'hôtel a coûté 3 milliards... il est maintenant fermé ! On ne sait pas trop pourquoi.

Dimanche dernier, nous avons passé les trois quarts de la journée dans l'eau au club de voile où nous rencontrons beaucoup d'Anglais. Je n'ai pas réussi à emmener Monique en mer avec le voilier et moi à la barre. Nous avons fait de la plongée sous-marine. Autour de nous, des poissons de toutes les couleurs, c'est magnifique. Nous sommes rentrés le soir la peau presque brûlée.

Il y aurait encore un tas de choses à vous raconter, les histoires de Monique et de Kobla, notre boy, les histoires de Juju et de gris-gris, les tueries de poulet, la façon dont Monique se procure des fleurs magnifiques par le jardinier. Parfois, elle me cuisine des tartares avec du piment qui donnent envie de boire 10 verres d'eau dans l'après-midi (elle a pris le piment pour du safran ou autre chose comme cela). Dans quelques jours, nous aurons déménagé pour Kumasi où je prends la responsabilité de notre filiale, située au cœur d'une immense région forestière.

À bientôt.

Paul

MARCHÉS, BALADES ET ENTERREMENTS

Kumasi, le 8 mai 1970

Chers tous,

Nous voilà à Kumasi, en pleine brousse. Chaque matin, je fais mon marché. C'est plus difficile qu'à Accra : les grands magasins n'ont pas énormément de stock. Tout à coup c'est la pénurie de sucre ou de vinaigre et il faut battre toute la ville pour en trouver, l'acheter au marché noir à plus cher ou bien aller chez les Libanais qui ont toujours quelques réserves. Les Libanais ici possèdent les plus grandes affaires. Paul traite avec eux dans son travail. Il se vend ici surtout de grosses machines pour couper le bois et le transporter ; peu de ventes de voitures en comparaison d'Accra. Parmi les gros clients, mis à part les Libanais, il y a des Ghanéens très fortunés. L'un possède une maison splendide, robinets en or, piscine avec un bateau moteur… sur la piscine.

J'ai autre chose à vous raconter. Il y a ici deux gouvernants : le Premier ministre, à Accra, qui s'occupe des affaires d'État et qui fait les lois et le grand chef coutumier, un peu spécial puisqu'il n'existe qu'au Ghana, à Kumasi. Ce dernier a beaucoup d'influence sur le peuple et sur le Gouvernement. À Accra, on réfère toujours à lui lorsqu'il y a de grandes décisions à prendre. Il n'y a pas très longtemps, la sœur du grand chef en question est morte. La coutume veut qu'on tue huit personnes, qu'on prenne leurs cœurs et qu'on les enterre avec la sœur ; tout le monde se cache dans les maisons et pendant huit jours personne ne sort. Si c'est le chef lui-même qui meurt, on tue 80 personnes et c'est la panique générale. D'ailleurs, ils prennent aussi les Blancs. S'ils doivent sortir, ceux-ci se rassemblent et forment en groupe une petite armée pour se protéger. Le Ghana est un des pays d'Afrique à avoir gardé beaucoup de traditions. Et quelles traditions !

Monique

Kumasi, 29 mai 1970

Chers tous,

Nous sommes actuellement dans « une atmosphère de terreur ». Le grand chef d'une des plus grandes tribus africaines, les Ashantis, dont Kumasi est la capitale, vient de mourir. Il faut des « têtes » pour l'accompagner dans sa tombe. Les festivités vont durer un ou deux mois, ça promet des choses troublantes. Nous allons prendre des risques et filmer tout ça ! Toute la ville est dans un bouillonnement et une excitation indescriptibles.

Monique vient de faire des escargots. Il semble que j'engraisse. Ici, beaucoup de mouvements comme toujours. Demain soir, soirée organisée par les ingénieurs qui ont construit le barrage de Kumasi et dimanche nous partirons sans doute en « exploration » dans le Nord, à la frontière de la Haute Volta.

Côté professionnel, il faut s'accrocher. Mon job, c'est un peu d'administratif et de financier au bureau et le reste du temps en jeep tout terrain dans les concessions en pleine forêt. Une nature extraordinaire, c'est du coup l'Afrique telle qu'on se l'imagine avec ses oiseaux multicolores, ses singes, ses arbres à lianes, et puis... ses serpents.

Je travaille avec des organismes internationaux (ONU, FAO, US AID) ou de grosses sociétés étrangères, et puis avec les Libanais, exploitants forestiers fortunés. Je leur vends des engins qui en dix journées déboisent sur un hectare ces arbres géants de la forêt ainsi que des engins de génie civil pour la construction de routes et de ponts. C'est intéressant d'étudier le marché et d'anticiper les projets et les futurs investissements.

Mon chauffeur, qui connaît tout, emmène Monique chez les sculpteurs d'ivoire ou chez les artisans. La maison devient un petit musée. Nous sommes installés au milieu d'un parc à végétation tropicale ; la maison est grande et agréable. Nous sommes cinq ou six Français à Kumasi (100 000 habitants, « oasis » de brousse avec un hôtel genre Hilton, un club et des restaurants). Il y a de la place pour tout le monde dans la maison : retenez bien cela !

Paul

Kumasi, le 15 juillet 1970

Chers tous,

Mardi soir, nous avons reçu votre télégramme qui nous a appris que mémé nous avait quittés. J'ai eu beaucoup de peine. Maintenant elle ne souffre plus et c'est mieux pour elle.

Quoi de neuf ici ? Hier le manager d'Accra est venu ici. Il a félicité Paul. Ça boume ! Il a été augmenté et pour moi, ça marche aussi : je donne des cours d'espagnol et de français aux Libanais. J'ai fait aussi beaucoup de progrès en anglais, je comprends mieux.

L'autre jour, nous avons fait du cheval, ne m'en parlez pas ! Mon cheval s'est mis à galoper. Quelle histoire, je ne suis pas tombée, mais je tremblais comme si j'avais eu un accident. Résultat pour Paul et moi : courbatures pendant trois jours. Nous y retournons ce soir. Nous rentrerons à

Accra le 1er octobre, exactement le 28 septembre. Paul deviendra assistant du General Manager.

Il y a quinze jours, nous avons décidé avec des amis français d'aller faire le tour d'un lac situé à environ 40 kilomètres de Kumasi. On ne peut pas l'atteindre en voiture. Nous sommes partis à 8 heures le matin et avons marché pendant 15 kilomètres en traversant des villages curieux. Les habitants pour la plupart ne sont jamais allés à Kumasi. Ils se nourrissent de la pêche. Leurs bateaux, ce sont des troncs d'arbres même pas creusés à l'intérieur. Il faut ajouter que c'est un lac sacré et qu'il est interdit de mettre du fer dans l'eau.

Des pancartes sur les murs des maisons demandaient aux parents de faire enregistrer leurs enfants, sans doute pour un recensement.

Lorsque nous rentrerons, nous vous présenterons nos films : nos week-ends dans les réserves du Nord Ghana, les ballades en forêt, les acheminements de véhicules dans le Nord à la frontière de la Haute Volta ! Malheureusement, nous allons bientôt quitter la brousse et Kumasi pour retrouver le fourmillement d'Accra.

Monique

Le 30 juillet 1970

Chers tous,

Il était bien difficile de retenir les larmes de Monique quand je lui ai annoncé mardi soir avant de s'endormir la mort de sa grand-mère. Je m'étais également attaché à elle. Je me souviens de ses petits coups d'œil avant d'ouvrir son placard pour en sortir une eau-de-vie, de sa façon de serrer bien fort de ses deux mains les joues de quelqu'un qu'elle aimait bien, de ses petits caprices avant de descendre les escaliers de la villa, de sa façon de nous faire revivre toute une époque en confidences et en chansons… Nous étions avec vous tous ces jours-ci.

Il y a deux heures, je me trouvais sur le dos d'un pur-sang africain, et tout d'un coup, les palmiers et la végétation se mirent à défiler rapidement, vite, très vite, cadence galop, brides abattues ! Et ça ne s'arrêtait jamais sauf à un moment où après un magnifique roulé-boulé, j'ai « volé », laissant le cheval rentrer seul à l'écurie. Le sol africain est bien dur ! J'ai mal au dos, quelle chute ! Monique s'en est bien sortie au petit trot.

Le film sur la mort du roi est extraordinaire. Depuis des semaines, il se passe ici des choses incroyables. Un matin, Monique a été poursuivie par un groupe de Noirs tous drogués. Elle s'est réfugiée à mon bureau, ayant dû monter à bord de la Fiat trois ou quatre Noirs excités et drogués.

Nous avons fait la visite mortuaire. Je me suis teint les cheveux en blanc avec du talc, Monique a mis une robe noire et nous nous sommes fait passer pour l'ambassadeur de France ! Nous avons eu le droit d'approcher le corps du roi, tout recouvert d'or. Des parfums de toutes sortes embaumaient le local. Les personnes présentes – certaines depuis des semaines – transpiraient d'une odeur très forte. J'ai été salué par la femme du roi. Mon Dieu ! On s'en souviendra de ces semaines ; partout ici, c'est la terreur et l'excitation. Tous les jours, les tribus se retrouvent et dansent pendant des heures dans les rues de la ville. Nous, on se cache : ils cherchent des têtes pour accompagner le roi défunt dans sa tombe.

Il faut aussi que je vous parle du couronnement. Tout le pays était là : présidents, ministres, ambassadeurs et des touristes de tous les pays du monde. Tous les grands chefs de tribus étaient assis sur des kilos d'or. En ville, des milliers de tam-tams, des coups de feu et des défilés de quatre ou cinq heures, tout cela pendant des jours et des nuits. Les brasseries et distillateurs étaient en rupture de stock ! La tradition est tellement forte ici. D'un seul coup, le Ghana avait oublié le XXe siècle ; ce jour-là, le héros national, c'était le roi et non pas le Président ou le Premier ministre. C'est encore ça l'Afrique : dans un même pays, on trouve un roi et un chef d'État.

L'évolution a peut-être été trop rapide et le peuple, tout en acceptant une démocratie à l'européenne, tient à conserver son roi, que dis-je ses rois ! En se faufilant partout, (comme à l'habitude) nous avons pu faire des films que nous allons coller avec ceux de l'enterrement (si on a le temps). Je dis si on a le temps, c'est vrai : Monique est toujours occupée. De temps en temps dans la journée je rencontre une Fiat qui fonce dans les embouteillages : un cours vient de se terminer à 10 heures, elle en a un autre à 11 heures. Voilà que maintenant tout le monde veut parler français ou espagnol ! De mon côté, avec peut-être moins d'heures de travail, je suis plus occupé que je ne l'étais à Paris, chez Rhône Poulenc. Dîner chez des prospects ou des clients et progressivement j'en viens au vif du sujet car avant de vendre, il faut prospecter : « Dites-moi votre équipement de brousse, ça commence à vieillir !... » et vous voyez la suite.

Le problème avec ce matériel utilisé dans des conditions difficiles (climat, densité de la végétation, manque de pilotes qualifiés, aucun repos pour les engins qui tournent 18 heures sur 24, qualité médiocre des carburants, risque de sabotage par des « petits salauds » aux ordres de la concurrence !...) réside dans le fait que les clients ont énormément besoin de nous : la conception d'un tel matériel suppose un bon service après-vente. Le client doit pouvoir compter dessus à 100 %, dans tous les coins du territoire, à n'importe quelle heure. Tout cela fait beaucoup à mener. J'aurais aimé étudier l'hydrolysme industriel plutôt que la grammaire latine... J'ai avec moi un technicien anglais mais il doit souvent partir en brousse. Cet après-midi à 4 heures, un Ghanéen « haut de gamme » qui vient d'avoir un prêt de 100 000 cédis (500 000,00 F) venait pour une machine ! Il est reparti avec quatre. C'est un exploitant forestier avec qui, désormais, tous les problèmes vont commencer (livraison éloignée en brousse, formation des pilotes sur place par nos instructeurs...).

Je rentre de passer la journée en brousse, essayant de faire avancer sur place des commandes importantes. Je suis au maximum de ma limite de crédit accordée par Paris, et la grève des dockers en Angleterre paralyse l'activité de mes clients. Sur un plan général, on ressent des délais anormaux dans les autorisations d'importations.

Au fait, pour la venue d'Éric, vous savez que vous pouvez compter absolument sur nous. Il pourra rester ici (Kumasi puis Accra fin septembre) autant que vous le désirez. Je pourrais certainement l'emmener dans les concessions de brousse, à son âge ça l'intéressera, il s'habituera au climat (de juin à octobre-novembre : temps d'été en Europe, il ne fait jamais très chaud, c'est donc très bien) et à l'anglais petit à petit.

Recevez de notre part des bouffées de chaleur et d'affection.

Paul

P-S. Je vous joins la traduction d'un article paru dans le *Time* International sur la mort et le couronnement.

TRADUCTION D'UN ARTICLE PARU DANS LE TIME INTERNATIONAL DU 10 AOÛT 1970

Titre : GHANA
INTRONISATION DORÉE

Le dernier des plus grands anciens royaumes de l'Afrique occidentale est le pays Ashanti dont les 2 000 000 de sujets ont fièrement élu la semaine dernière un nouveau roi, Nana Opoku Ware II. C'était la première fois en

35 ans qu'une telle cérémonie était célébrée, sans doute le plus splendide rituel tribal de toute l'Afrique. Le correspondant du TIME, James Wilde est allé à KUMASI dans le centre du GHANA et y a écrit ce reportage :

Les guerriers, les corps reluisant d'huile, chantaient et dansaient : « Yao, yao, nous nous soumettons, nous nous soumettons, ce qui a été prédit se réalise ». Cloches, gongs, castagnettes métalliques et chants à gorges déployées reprenaient le refrain, puis tous se mirent à observer un profond silence au moment où les portes du palais se mirent en branle.

Marchant majestueusement, le nouveau roi – ou Asantehene – conduisait la procession entouré de gardes royaux portant l'épée, de batteurs, mousquetaires, sonneurs de corne d'éléphant, claironneurs et esclaves. Comme la personne du roi ne doit jamais toucher la terre nue, ses chamberlains chantaient : « Marchez doucement, Monseigneur, regardez cette flaque, attention aux pierres, marchez doucement, Monseigneur ».

Sa tête était coiffée d'une toque d'or martelé et son corps drapé avec charme de fétiches, talismans et armures. Il ressemblait à un Dieu aztèque ou à Shiva siégeant sur son somptueux palanquin dans le stade. Plus tard, alors que 100 000 personnes regardaient, le roi dansa maladroitement, comme un ours incrusté de pierreries. Trois fois, il tira sa chevelure en silex dans les airs. On lui répondit par une salve de 400 mousquets. Puis, il avança d'un pas pesant dans le grand stade, sa bouche emplie de feuilles vertes, symbolisant son identification avec la terre. Il salua alors le Premier ministre Kofo Abrefa Busia et tous les autres visiteurs officiels venus de nombreux pays du monde.

Le sommet de la cérémonie survint une fameuse nuit, alors que la ville s'ensorcelait dans le clair de lune de la jungle et que le palais Manhyra vacillait sous les torches. Près de la grande cour du palais où étaient assis 27 chefs suprêmes, scintillant d'or à profusion, de damas richement colorés et d'ombrelles en velours, le roi, caché dans une chambre secrète à l'intérieur de l'édifice royal, gardé par seulement six de ses sujets, vécut le moment le plus sacré de la tradition. Après avoir été rituellement purifié, il s'assit trois fois sur le trône doré sacré pour une ultime ascension au pouvoir ou « intronisation ». Ce fut seulement ensuite qu'il devint le 19e Ashentehene dans une dynastie qui date de plus de 300 ans.

La légende tribale veut qu'un sorcier soit à l'origine de la réalisation du solide trône d'or pour aider le premier roi Ashanti à unifier sept clans tribaux. Les Britanniques essayèrent de nombreuses fois de se l'approprier par le combat mais ils échouèrent toujours. Durant la dernière guerre

Ashanti, en 1900, la tribu se rebella contre la demande du Gouverneur britannique de prendre le trône et de s'asseoir dessus au nom de la reine Victoria. Les Ashantis en voulaient aux Britanniques d'avoir exilé leur souverain, Prempeh II aux Seychelles. Si les Britanniques gagnèrent la guerre, ils perdirent le trône qui disparut pour un temps. Le dernier roi Prempeh II résista aux efforts du Président dictateur Kwame Nkrumah qui voulait réduire ses pouvoirs. À ce jour, les Ashantis jurent fidélité d'abord à leur roi et ensuite seulement à la République du Ghana.

Le nouveau roi est un homme de tradition anglicane à l'éducation britannique, J. Matthew Poku qui venait juste d'être nommé ambassadeur du Ghana à Rome quand il a appris que la reine-mère Ashanti et le conseil des chefs de la tribu avaient décidé qu'il devrait succéder à son oncle comme roi. « J'avais mes billets, mes chèques de voyage, tout » dit-il, « mais quand j'ai été attrapé dans le filet, je n'ai pas eu le choix. ». En tant qu'Ashantene, il ne peut quitter Kumasi qu'avec la permission du Conseil et il lui est interdit par un tabou tribal d'être seul. « Nous sommes destinés à servir le trône doré d'une façon ou d'une autre. » dit-il.

Selon la tradition Ashanti, la mort du roi exige encore aujourd'hui le sacrifice de 1 000 hommes et femmes. En mai dernier, après que Prempeh II fut « parti pour son village », les Ashantis se soumirent à la tradition et très vite la peur balaya tout le royaume. En réalité, l'annonce de la mort du roi fut retardée de quatre jours afin que les exécuteurs royaux puissent chercher leurs innocentes victimes insidieusement. Les villages organisèrent des groupes de défense pour se protéger des exécuteurs qui battaient les villages de brousse. Plusieurs prêtres européens furent tués. On estima qu'en dépit des précautions, plusieurs douzaines d'hommes perdirent la vie. Mais personne ne veut parler de tout cela dans le pays de Kumasi, ni même des mystères de la tribu, des rituels et de tout ce qui touche, entre les couronnements, au trône doré.

Retour de Monique en France pour quelques semaines de repos : Lettres d'Accra de Paul à Monique.

(Mars-avril 1971)

Accra, mars 1971, vendredi,
1 heure après ton départ

Monique,

Le « gros n'avion », comme dirait ton petit-neveu Bruno, vient de s'envoler il y a une heure et le grand vroum qu'il a fait en décollant sa lourde masse contre le vent a retenti fort dans mon cœur. Il y a une heure ta main à travers la vitre de la grosse machine voulait j'en suis sûr me crier : « Salut mon Paul » et mes bras tendus vers le ciel te répondaient. Mon cœur est gros ce matin. Je suis au bureau depuis 10 minutes et je t'ai quittée il y une heure. Le ciel du Ghana a pleuré en te voyant partir : tu voles actuellement au-dessus d'Abidjan et quand je rentrerai tout à l'heure dans la maison vide, tu seras au-dessus du Sahara ou du Niger, où nous serons peut-être ensemble dans 8 mois. Poppy, en repassant à la maison, s'accrochait à moi en aboyant et Valentin était triste aussi. J'attends de tes nouvelles. Mais repose-toi avant tout, va revoir nos mares, nos bois, nos grenouilles, nos écrevisses.

Il est tard. Valentin m'a remonté avec beaucoup de calories et une bonne sauce au piment. L'air conditionné ronfle, Poppy aussi. Matinée passée en partie avec l'adjoint du chef du personnel de Paris qui venait prendre la température au Ghana. Sais-tu, que nous allons bientôt être nationalisés pour prendre le nom de « CFAO GHANA LTD », risquant de devenir par la suite une compagnie majoritaire ghanéenne. Tout cela me fait réfléchir.

J'ai fait ce matin mes prévisions du mois : 450 000,00 NC soit un total de 90 véhicules pour le mois dont 22 R4 et 50 Scout, les 4X4 de chez IH. Cet après-midi, meeting que j'ai préparé avec études de prix détaillés en fonction de la demande et de la conjoncture générale du marché. Nous restons pessimistes sur l'avenir économique de ce pays, craignant que pour nous le prochain budget soit une catastrophe liée à une nouvelle restriction des importations. Je t'embrasse.

Paul

Accra, jeudi soir (avril 1971)

Bonsoir Monique,

Je préfère être avec toi ce soir plutôt que d'aller revoir *Il était une fois dans l'ouest*.

Il faut que je te raconte une histoire : ce client libanais qui veut m'acheter 100 R4 et 30 Bus Renault, comptant ! Après recherches et amples discussions, il s'appelle Fattal. Ce sont des Libanais escrocs qui vendent les fameuses Toyota. Il m'a avoué avoir acheté un immense terrain, qu'ensuite il m'a fait visiter : il a un immense projet de garage avec des plans de chaîne de montage. À force de causer avec lui et de lui poser des questions, j'ai découvert qu'il espère avant 4 ou 5 ans nous piquer l'Agence Renault pour tout le Ghana, comme il nous avait déjà piqué Toyota il y a 5 ou 6 ans, m'a-t-on dit. Tous les Libanais de la famille Fattal ont des passeports ghanéens. Ils obtiennent tout. Leur intention avant plusieurs années est d'être les numéros 1 de l'automobile sur la côte d'Afrique. Je prépare un rapport complet pour Paris, tout en faisant causer les Fattal. Ils espèrent que je vais leur céder ces 100 véhicules, ce qui serait pour eux un premier pas. Ils me sollicitent pour me payer au noir NC 5 000. Quelle histoire ! Je te tiendrais au courant.

Le mois a bien commencé : j'ai promis à Riehl 450 000 cédis en vente dans le département AUTO soit 600 000 au total avec les ventes techniques. Je suis en ce moment sur une affaire de 30 véhicules.

Tu es en France à Villedieu et j'aimerais savoir ce que de là-bas, avec du recul, tu penses de l'Afrique et du Ghana. Quelle impression tu en tires, la façon de vivre des gens, de travailler, le coût de la vie, la famille, nos rencontres, nos amis, nos voyages... Penses-tu qu'avec un travail intéressant, il est plus profitable de vivre encore quelques années à l'étranger, seul ? Je pense en tout cas qu'un retour à Villedieu, comme tu le dis, serait une bêtise dès cette année.

Paul

Accra, mercredi soir (avril 1971)

Monique,

Ici, tout semble t'attendre. Moi et Valentin et puis Poppy qui devient folle.

Dure journée de travail aujourd'hui. Visite d'un fournisseur anglais : British Motors puis déjeuner ensemble. Cet après-midi, accident très grave de Cunnie, le nouveau chauffeur noir, qui essayait la nouvelle Wolseley de Saletto. Résultat : trois voitures embouties sur Ring-Way. La voiture de notre PDG est morte. Je me bats toujours avec mes fainéants de vendeurs qui n'en font pas assez. Il faut toujours les faire grimper aux branches avec des primes.

Il fait en ce moment une chaleur épouvantable. Nos plantes jaunissent, l'eau est bouillante, le ciel bleu foncé ! La sueur coule. J'ai reçu les diapos que nous attendions depuis un mois : de jolies prises de vues dans ce village du

Nord où cette femme t'avait chanté des complaintes ; également des gros plans de seins et de poupons que les femmes allaitent. Je repense à notre voyage : tous les deux, loin de tout, avec les animaux, ce week-end dans cette réserve de brousse où nous nous sommes perdus pendant des heures.

Le matin, je me réveille de bonne heure, vers 6 heures. J'écoute les informations, le poste de radio posé sur ta place ; la grève Renault va me poser des problèmes vis-à-vis de nos engagements sur les 300 R4 que j'ai affectées à mes vendeurs. Échanges de télex sans arrêt avec Paris, la situation devient catastrophique. Je t'embrasse et te fais suivre deux de mes rapports de boulot. Tu constateras que dans mon rapport en anglais, je dois me battre sans cesse contre Caterpillar : ils ont une telle image ici.

Paul

Après le retour de Monique en mai jusqu'à décembre 1971

Tout se passe bien. Pendant ces sept mois, même si le climat économique s'alourdit, on arrive, grâce au montage sur place des véhicules à sauver des autorisations de licences d'importation. Mi-décembre, nous décidons de rentrer quelques semaines pour Noël 1971 en France et puis (enfin !) bébé s'annonce !

Juste avant notre retour au Ghana
prévu en janvier 1972,
c'est le Coup d'État et les dévaluations.
La vie et les projets sont tous bouleversés.
D'Accra, nos amis nous donnent
des nouvelles fraîches parfois confidentielles
(Ambassade de Suisse).

De J.-P. Vettovaglia
Consul à l'ambassade de Suisse

Accra en flammes, le 3 janvier 1972

Chers Paul et Monique,

Alors que tout un chacun cherchait à se remettre des excès gastronomiques de Noël, le Premier ministre K.A. Busia a entrepris de faire avaler à ses compatriotes et surtout aux étrangers résidants au Ghana une pilule passablement amère. Une dévaluation considérable et subite du Cédi :

de 44 % exprimée en cédi (1 NC égalait 98 US cents) (I NC égale 55 US cents)

de 78 % exprimée en dollar (1 $ égalait 1.02 NC)
(1 $ égale 1.82 NC)

de 86 % exprimée en francs suisses
(1 NC égalait 3.99 FS) (l NC égale 2.14 FS).

De défavorable, la situation a évolué en un imbroglio indescriptible et catastrophique :

1. Pertes colossales des compagnies étrangères pour marchandises vendues mais non payées (en vertu des crédits commerciaux à 180 jours) ;

2. Pertes colossales des compagnies étrangères pour montants bancaires en cédi non encore transférés ;

3. Ignorance du fait des PRQ (transfert des salaires en France) ;

Tous les gens comme vous ne pourront plus transférer une partie de leur salaire ;

4. Incapacité des compagnies étrangères d'absorber la hausse nécessaire des salaires des « expatriâtes » ;

5. Magasins tous vides. Ruée sur le riz, lait, sucre, sardines, etc.

Les étalages sont vides. Ce qui subsiste est vendu à des prix tout simplement astronomiques ;

6. Essence, lait, huile, etc. : hausse des prix jusqu'à 100 %.

Coût du niveau de vie en hausse de 150 %.

J'ai déjà eu recours à la sorcellerie pour que ceci ne vous empêche pas de rentrer au Ghana. Mais la situation devient extrêmement précaire… (Peugeot 504 : le prix a été multiplié par 5 !)

Votre ami Jean-Pierre

De J. Riehl, Directeur Accra Motors

Le 11 janvier 1972

Cher monsieur Salmon,

Bien reçu votre lettre en date du 5 janvier 1972, ma femme et moi-même vous remercions de vos bons vœux. En retour, acceptez, ainsi que madame Salmon, les nôtres. Nous souhaitons tout spécialement à madame Salmon une parfaite santé en attendant la naissance de votre premier enfant.

Je rentre tout de suite dans le vif du sujet ! La dévaluation surprise survenue fin décembre. Comme vous vous en doutez certainement, elle nous occupe et nous préoccupe beaucoup. Révision des prix, des salaires, prix de stock, etc. Tout y passe.

En ce qui vous concerne, votre cas a été discuté avec monsieur Saletto. La Direction a tout de suite convenu de vous compenser rapidement. Quand je dis rapidement, cela veut dire fin janvier, début février 1972 au plus tard. Je vous aviserai en temps voulu de quelle façon Paris vous créditera la compensation. Je comprends bien sûr vos inquiétudes. Nous attendons la visite de monsieur Mullier, le grand patron, le 17 janvier. Il se rendra compte par lui-même de nos graves difficultés, surtout en ce qui concerne le problème du personnel européen.

Par ailleurs, suite à la dévaluation, et l'augmentation des prix qui en résulte, nos ventes stagnent complètement.

Le résultat prévisible de l'exercice en cours sera une perte approximative de NC 600/800 000. Je vais avoir quelques explications à fournir. Tout le travail que nous avons fourni ensemble s'effondre subitement.

Comme autres nouvelles, je vous signale que Rilo est muté au Liberia, Vaelette à Fort Lamy, Maburoi à Abidjan tandis que le contrat de Pénin est abrogé. Voilà, je continuerai de vous tenir au courant sur cette situation déplorable.

Bien à vous.

De Marie-Odile et Jean-Claude, (SCOA-Ghana)

Accra, le 16 février 1972

Chers amis,

Merci de vos lettre et carte qui nous ont apporté le bon air du « pays ». Cela fait d'autant plus plaisir après les événements que nous avons vécus ! Voici les faits : le 28 décembre, dévaluation du Cédi de 43 % ; le 13 janvier c'est la totale : coup d'État qui renverse et le gouvernement et la vapeur car le 10 février on réévalue de X % (je ne sais plus très bien où nous en sommes). Toujours est-il qu'après avoir valu 2,87 F, le Cédi est maintenant à 4 F.

Dans les jours qui ont suivi la dévaluation, le coût de la vie avait augmenté de 60 % environ, mais entre-temps, les magasins avaient été dévalisés, tout le monde faisant des provisions (on couche avec notre stock de pommes de terre !). Depuis la réévaluation, les prix ont été taxés au taux de décembre, le gouvernement prenant à sa charge la différence pour honorer le montant des licences. J'ai conscience de ne pas être très claire, mais la réalité ne l'est pas non plus ! Jean-Claude me dit que tout vient d'être remis sous licence et que d'ores et déjà certaines choses sont interdites à l'importation : beurre, huile, fer à béton, voitures, etc.

Les demandes de licence doivent être déposées avant la fin du mois, elles seront étudiées et les sociétés sauront dans un avenir plus ou moins lointain si elles leur sont accordées ou non. On sait déjà que l'importation de la plupart des produits alimentaires sera réservée à GNTC (le plus grand supermarché). C'est là où se pose le problème du retour de Monique avec le bébé car on risque de se trouver avec rien ou pas grand-chose à bouffer. Si la forte constitution de Paul peut se contenter du « fufu » ou de la semoule, il n'en sera peut-être pas de même de celle de Monique et certainement pas de celle du bébé. Il nous est donc très difficile de vous donner un conseil absolu et objectif sur votre retour ici car on ignore de quoi demain sera fait.

Je ne sais ce qui est décidé dans la boîte de Paul en ce qui concerne les expatriés, mais pour nous il n'y a que des mutations successives ; et depuis deux jours seulement, nous aurions la promesse d'un réajustement de salaire local avec compensation en France des pertes.

Mi-janvier, Jean Claude avait reçu un premier ordre de départ pour fin février à Fort Lamy, puis comme aucun ordre n'est valable sans contre-ordre, le départ est fixé à fin mars pour Douala (2 mois) et Fort Lamy en juin.

Outre nous, vos amis Cooper, Pinson, Brun font partie de la première vague de mutations. Quant à Michel de la Motors, il est également muté à Fort Lamy.

Nous espérons que ces nouvelles ne vous gâcheront pas le reste de vos vacances et que vous saurez profiter des saines joies de Villedieu-la-Blouère ! Mais que de bouleversements et de secousses ! De nombreux reporters et journalistes de tous les pays du monde se sont installés momentanément ici pour suivre les soubresauts du coup d'État. Nous continuerons à vous informer.

Avec toute notre amitié. Marie-Odile.

De J. Riehl, Directeur Accra Motors

Le 19 février 1972

Cher monsieur Salmon,

Juste quelques mots pour vous tenir au courant des derniers événements qui ont eu lieu depuis notre échange de lettres en janvier 1972.

La situation au Ghana se détériore graduellement. Les autorités militaires ont en partie répudié les dettes à long terme et mis en suspend les paiements des dettes à court terme. Nous nous attendons à un contrôle du prix des pièces détachées. Par ailleurs, toutes les marchandises, matériels industriels et véhicules commerciaux sont soumis à licences d'importation.

Nous apprenons également que la COFACE a retiré sa couverture sur les expéditions au Ghana. Autant vous dire qu'il règne une confusion extrême dans les milieux d'affaires et cela n'arrange pas la préparation de notre plan de campagne et nos prévisions 1972. Toutes les commandes que vous aviez enregistrées s'annulent et s'effondrent !

Monsieur Saletto se propose d'aller à Paris le 29 février en partie pour les affaires en général, mais surtout pour régler le problème de la rémunération du personnel expatrié. Votre cas, c'est-à-dire celui du personnel actuellement en congé, sera évoqué et réglé.

D'autre part, il est fort probable que vous soyez transférés rapidement. L'annonce vous sera peut-être faite avant votre retour au Ghana. Je pense donc, vu la situation de votre femme, qu'il serait préférable de la laisser en France en attendant la clarification sur votre futur poste. Ceci uniquement à titre de conseil naturellement, vous jugerez vous-même.

Je me sens peut-être un peu coupable de ne pas vous tenir assez informé sur tous ces événements. Toutefois, vous pouvez croire que des ordres et contre ordres se sont succédé rendant difficiles les affaires car même maintenant il est encore trop tôt pour dégager une politique commerciale ou même une tendance !

Le docteur Jokie (le médecin de votre épouse) se trouve actuellement en congé, mais sa rentrée est prévue vers fin mars. Souvenez-vous également qu'il était le médecin privé du président Busia, exilé quelque part en Angleterre.

Dans les magasins, on trouve encore les petits pots pour bébés, néanmoins je crains fort qu'à l'époque où vous en aurez besoin, cela ne sera plus le cas, vu les restrictions sur les importations ! Par contre, vous trouverez toujours du lait en poudre. N'oubliez pas que Lomé n'est qu'à 100 kilomètres !

En ce qui concerne votre transfert, rien de précis encore, mais une décision peut-être prise rapidement par Paris.

Bien à vous.

De Doris et David May, ambassade du Canada

Accra, le 8 mars 1972

Chère Monique et cher Paul,

Enfin des nouvelles ! Je suis désolée de vous avoir fait attendre si longtemps et espère que vous me pardonnerez ce long silence. Régulièrement, je vais voir Bernard pour prendre des nouvelles de Poppy, votre chienne. Elle est en pleine forme. Bernard m'a donné un tas de détails sur la boîte de Paul, me citant toutes les personnes qui sont parties. En quelques mots, voici la situation : l'aspect général d'Accra est redevenu plus normal, on peut désormais se promener assez librement et il n'y a pas de manifestations, bagarres, ou émeutes sanglantes. Le gouvernement semble « stable », prenant des mesures draconiennes pour relever l'économie et améliorer le futur du pays, subventionnant les produits de base tels que sardine, lait, savon de façon à ne pas défavoriser la classe inférieure de la population.

Les stocks des grands magasins s'épuisent lentement mais sûrement et il est fort à craindre que dans les prochains mois, il y ait pénurie puisque rien ne peut être commandé à l'étranger. La liste des produits et denrées interdits est vraiment impressionnante. Rassurez-vous, nous avons fait des provisions et nous pourrons vous dépanner. Cela dit, il semble que le trafic Lomé-Accra soit toujours aussi florissant bien que le mot d'ordre soit « Discipline » et que l'on recommande vivement à l'armée et aux policiers de travailler honnêtement et de ne pas accepter de « dash » (« dessous de table »), mais n'est-ce pas, l'humain a ses faiblesses... ! Donc dans l'ensemble, la situation n'est pas dramatique tant que les ponts ne sont pas coupés avec Lomé (je parle au point de vue nourriture bien entendu, surtout pour le futur bébé).

Annick a bien reçu votre lettre et va vous écrire très bientôt, Bernard a également reçu de vos nouvelles.

Il vient du reste de m'apprendre en toute confidence que vous veniez d'être mutés pour une autre direction en Afrique et que votre voyage au Ghana ne serait qu'un passage éclair pour régler vos affaires. J'en fus très surprise car dans la lettre de Annick, vous ne sembliez pas être au courant puisque vous parliez même de l'accouchement pour le mois de mai, ici à Accra. D'après Bernard, c'est la politique de votre Société de ne rien dire et peut-être n'apprendrez-vous la bonne nouvelle qu'en arrivant au mois de mars. Nous vous remercions encore mille fois du séjour très agréable que nous avons passé à La Baule. David parle encore de l'araignée de mer si savoureuse.

Bons baisers de nous trois à vous deux et demi.

Doris et David

Rapport sur la situation exacte
du Ghana après le coup d'État
et les dévaluations.
Ce rapport est long et technique mais
il nous faut rentrer dans la complexité de
l'interdépendance économique africaine.

Rapport confidentiel de notre ami
Jean-Pierre (voir sa lettre de jan-
vier 1972) devenu ambassadeur de
Suisse, à son ambassadeur précédent qui
ne tenait pas à reprendre son poste à
Accra.

Le 15 février 1972

GHANA : Politique économique, monétaire et commerciale du National Redemption Council

Monsieur l'Ambassadeur,

Un Coup d'État militaire de plus en Afrique, des nationalistes déclarant vouloir remettre de l'ordre là où il n'y avait que mauvaise gestion et corruption : voilà qui n'est pas fait pour surprendre.

Mais qu'une dévaluation survenue le 27 décembre 1971 soit l'occasion d'un coup d'État le 13 janvier 1972 et que le coup d'État entraîne à son tour, le 5 février 1972, une réévaluation : voilà qui est probablement unique.

I. Les événements

J'écrivais le 18 janvier 1972 que la dévaluation du 27 décembre 1971 devait être considérée comme l'un des principaux motifs de déclenchement du Coup d'État survenu dix-sept jours plus tard. Son taux – le cédi ne valait plus que 55 cents américains contre 98 auparavant – impliquait des sacrifices que le pouvoir d'achat ordinairement déjà fort réduit du peuple rendait insupportables, condamnant du même coup le GHANA à réduire dangereusement, jusqu'à les supprimer pratiquement, les importations de biens d'équipement, ce qui signifiait l'arrêt des activités de développement. Aussi, dès les premières heures du coup, le Colonel I.K. Acheampong annonçait un réexamen de la dévaluation.

Mon message du 21 janvier 1972 reflétait les informations qui avaient filtré du conseil économique consultatif mis sur pied pour étudier la nouvelle politique économique ghanéenne, à savoir qu'il fallait s'attendre à une réévaluation du cédi à un taux variant entre 65 et 75 cents. La décision est intervenue le 5 février avec effet à partir du lundi 7 février. Le cédi a été réévalué à 78 cents. Quant au franc suisse, le nouveau cours officiel s'établit à 3,01 F pour un cédi, après avoir chuté de 3,99 à 2,14 le 27 décembre de l'année dernière.

II La réévaluation

Pour des raisons qui ne tenaient pas seulement à l'économie du pays, mais aussi à la conduite de la politique intérieure, le National Redemption Council (NRC) se devait de prendre la décision de réévaluer que réclamaient avec insistance et le peuple et la presse ; décision qui d'ailleurs assurait pour le moment la popularité du Colonel Acheampong.

Sur le plan pratique et immédiat, l'effet principal de cette mesure est un certain relâchement des tendances inflationnistes sans pour autant faire retomber les prix à leur niveau antérieur au 27 décembre 1971.

Quant aux conséquences plus lointaines de cette manipulation monétaire, c'est dans l'attitude future du Fonds Monétaire International et de la Banque Mondiale qu'il faut aller les chercher :

En effet, devant la détérioration continuelle de la balance des paiements au cours de l'année 1971, l'ancien Premier ministre K.A. Busia était allé chercher aide et réconfort chez le Premier britannique Heath tout comme à la Maison Blanche à Washington. L'un et l'autre de ses interlocuteurs l'ont alors confié aux bons conseils du FMI et de la Banque Mondiale dont une délégation a quitté Accra le 18 décembre 1971 après avoir consacré plusieurs jours à la discussion et à l'examen des mesures à prendre en vue de redresser une situation économique en péril. Le principe de la dévaluation était accepté par le Gouvernement BUSIA et, contre toute attente, ce sont les experts financiers et les économistes de la Banque Mondiale tout comme ceux du FMI qui ont conseillé une « fourchette » de dévaluation s'étendant de 25 % à 50 % avec une préférence marquée pour un taux élevé. Le 26 décembre 1971, un téléphone d'Accra demandait l'accord du FMI pour une dévaluation de 44 %. Mais contrairement aux attentes logiques de la Banque Mondiale le cédi restait inconvertible. L'incompréhension que soulevait une manipulation monétaire d'une aussi grande envergure précipitait les événements et renversait la Deuxième République, mettant du coup le FMI et la Banque Mondiale dans l'embarras.

Pour des raisons de simple prestige, ces deux institutions ne pouvaient envisager d'un bon œil le doute ainsi jeté sur le bien-fondé des mesures recommandées par eux. Pour le FMI, qui déléguait un vice-directeur à Accra du 2 au 5 février, une réévaluation était sans fondement et même à éviter pour le moins jusqu'au prochain budget 1972-1973. Le 5 au soir, par la voix du Colonel Acheampong, le Ghana réévaluait néanmoins le cédi.

Or la Banque Mondiale s'apprêtait à offrir au Ghana un crédit « stand-by » de plus de 60 millions de dollars destinés à éponger une partie des dettes à court terme constituées par les paiements des crédits commerciaux à 180 jours. De même, elle allait consentir un prêt à long terme de 30 millions de dollars pour le financement de projets de développement uniquement dans le domaine agricole.

Enfin, proposition avait été faite, à l'exemple de l'Indonésie, de créer un comité de la dette ghanéenne dont la Banque Mondiale aurait occupé la présidence et qui aurait eu pour tâche de gérer le remboursement des dettes extérieures du GHANA. Pour ce faire, des prêts d'un montant très élevé auraient pu être accordés à 50 ans, avec 10 à 20 ans de grâce et à un taux d'intérêt de 0,75 %. Un « ban programme » aurait été déjà partiellement établi.

Que va-t-il se passer? Une délégation de la Banque Mondiale essaiera de le définir cette semaine à Accra. Mais, il est loin d'être certain qu'elle sera toujours aussi favorablement disposée à l'égard du Ghana.

III. La dette extérieure

Le NRC a tout d'abord procédé au recensement des diverses composantes de la dette extérieure au 12 janvier 1972

Crédit de fournisseurs à moyen terme	294,00 $ millions
Intérêts sur ces dettes (selon conférences de 1966-1970)	77,00 $ millions
Dettes à long terme	231,00 $ millions
Dettes à court terme	286,00 $ millions
Arriérés sur importations	66,96 $ millions
Crédits commerciaux à 180 jours	138,82 $ millions
Arriérés sur service de la dette	80,48 $ millions
	888,00 $ millions

Il a ensuite établi une nette distinction entre les dettes contractées avant le 24 février 1966 (chute de Nkrumah) et après. Les premières ne seront reconnues que pour autant qu'elles ne soient pas entachées de corruption ou d'autres formes d'illégalité. Chaque contrat de fournisseurs sera examiné sous l'angle de la validité de la transaction et de sa valeur technique et économique. D'ores et déjà, un tiers de la dette du régime Nkrumah a été répudié, soit 94.4 millions de dollars. De même, le NRC a rejeté le paiement de 72 millions de dollars au titre des intérêts moratoires tels qu'ils avaient été négociés lors des conférences internationales de 1966, 1968 et 1970.

Le NRC a d'autre part procédé à une déclaration unilatérale des conditions de repaiement des dettes qui seront honorées. Il s'agit des termes de paiements généralement accordés par l'international Development Association, soit 50 ans, 10 ans de grâce et bas intérêt. Toutefois, cette affirmation péremptoire ne recouvrira peut-être pas la réalité. En effet, lors d'entretiens privés avec les représentants des principaux pays créanciers, le Colonel Acheampong aurait déclaré qu'en fait les conditions de repaiement pourraient être négociables.

Les dettes à long terme seront honorées sans objection aux conditions auxquelles elles avaient été consenties.

Pour l'heure, le problème le plus crucial est constitué par la dette à court terme, soit les arriérés de paiement sur les crédits commerciaux, les crédits à 180 jours et le service des intérêts. Les conditions de repaiement de ces dettes, que le NRC a promis d'honorer seront cependant envisagées sous un jour nouveau. En effet, par une note aux importateurs datée du 7 février 1972 (voir en annexe), la Banque du Ghana a aboli le système de paiement à 180 jours. Aussi, parmi les hypothèses les plus vraisemblables, il semblerait que tous les engagements en cours de maturité sous ce système pourraient être bloqués pour être remboursés en deux ou trois ans par tranches, à intervalles plus ou moins rapprochés, selon les liquidités dont disposerait le Ghana. Ce système, si tant est qu'il entrera un jour en vigueur, se baserait sur le modèle du Nigéria.

IV. La politique financière et commerciale

La première modification d'importance à la politique commerciale a été la suppression des surcharges temporaires à l'importation (variant de 5 % à 150 %) qui a coïncidé avec la dévaluation du 27 décembre 1971. En tenant compte de la réévaluation du cédi, l'on peut dire que tout objet qui supportait une surcharge de 40 % est vendu aujourd'hui au prix qui était le sien avant la dévaluation. Par contre, tous les articles qui étaient taxés temporairement à plus de 40 % seront à présent meilleur marché qu'ils ne l'étaient avant le 27 décembre 1971. Ceci devrait contribuer à ralentir l'inflation.

Par ailleurs, la conception même du commerce extérieur a subi un revirement de 1800. D'une politique de libéralisation, qui avait été conseillée par le FMI et les experts de la Banque Mondiale, on en est revenu à une notion plus réaliste des choses, en tous les cas plus adaptée aux nécessités du pays. Ainsi, la quasi-totalité des produits qu'importera le Ghana ne sera plus sous le régime des « Open General Licences » – tel avait été le cas progressivement depuis août 1970 – mais sous celui des « Specific Imports Licences ». Les « Commercial and Industrial Bulletin », n°s 9 et 11, des 2 et 7 février 1972, ci-joints en annexe, fournissent tous les renseignements nécessaires sur les nouvelles procédures d'importation et dressent la liste (a) des produits définitivement interdits à l'importation (b) des produits dont l'importation sera sévèrement restreinte (c) des produits nécessitant une licence d'importation.

Une troisième modification d'importance est la suppression du système des crédits de paiements à 180 jours. Toutes les factures seront désormais payables à vue. La contrepartie en cédi de tous les paiements à 180 jours en cours de maturité doit être déposée auprès des banques. D'autre part, la Banque du Ghana semble vouloir prendre à sa charge les pertes de change réalisées par tous les importateurs pour des marchandises non encore payées – en vertu des 180 jours – mais arrivées au Ghana et déjà vendues en cédi à des prix d'avant la dévaluation. Quant aux marchandises entrées au Ghana entre le 27 décembre 1971 et le 5 février 1972, nul ne sait encore très bien à quel taux de change s'effectueront les transferts.

L'effet de l'introduction de ces paiements à vue sera de limiter les importations et ceci par le manque de liquidités dont souffriront les importateurs. En effet, ils ne pourront plus, schématiquement, vendre leur marchandise, réaliser leur bénéfice puis alors seulement honorer les factures. Il faudra d'abord faire face à ses engagements. Le manque de moyens financiers se fait déjà sentir, aussi peut-on penser que cette mesure, s'ajoutant à la réintroduction des licences d'importation, se montrera efficace dans la limitation des importations.

Dans un autre domaine, le NRC, pour s'assurer l'appui de la population, à décidé d'abolir l'impôt national sur le développement, variant de 1 à 5 %, qui était prélevé sur les revenus des personnes physiques et morales. Les revenus de l'État seront amoindris d'autant.

On a parlé de nationalisations depuis le 13 janvier 1972. Mais selon les déclarations du Colonel Acheampong lui-même à certains chefs de mission étrangers (États-Unis, Canada, RFA, Pays-Bas), cette éventualité ne serait pas à craindre. Cependant, il est de plus en plus question de limiter les rapatriements de profits et dividendes des compagnies étrangères travaillant au GHANA. De même, selon des rumeurs, les « Personal Remittance Quotas » (part du salaire transférable des employés étrangers) pourraient bien subir le même sort.

V. Conclusion

La politique économique du régime Busia abattu après 27 mois d'existence avait déçu les Ghanéens. Déceptions qui n'ont eu d'égales que les espérances qui avaient été placées en elle. L'hebdomadaire « Jeune Afrique » écrit dans son numéro du 29 janvier 1972 : « En somme on lui demandait (au régime Busia) non seulement d'effacer neuf ans de régime Nkrumah et trois ans et demi de pouvoir militaire, mais encore de redonner la prospérité et le bien-être que les Ghanéens n'avaient connu ni avec l'un ni avec l'autre. Et le tout sans retard et sans tyrannie… Tâche herculéenne.

Il faut cependant relever qu'en 1970, sans être brillante, la position de la balance des paiements n'était pas catastrophique. Grâce aux efforts entrepris par le National Liberation Council depuis 1966, la balance commerciale pour 1970 n'accusait qu'un déficit de NC 15 millions. Mais le Gouvernment Busia allait opter pour un libéralisme qui impliquait la suppression du contrôle quantitatif sur les importations. Le résultat ne s'est pas fait attendre et l'on présume pour 1971, un excédent des importations sur les exportations de NC 70 millions.

Certes les cours du cacao s'étaient effondrés. Mais ce n'est pas l'unique raison des maux de l'économie ghanéenne. La disette était sans cesse présente sous la forme d'une hausse continuelle des prix et l'on dénombrait, malgré l'expulsion de la main-d'œuvre en provenance des pays voisins, environ 800000 chômeurs enregistrés » soit presque la moitié de la population active. La somme de l'aide étrangère en 1971 avait tout juste suffi à assurer le service de la dette extérieure aggravant d'autant l'endettement du pays et soulignant aux yeux des investisseurs étrangers l'insolvabilité persistante du Ghana (si besoin était, car, sur les cinq dernières années il n'y a eu d'investissements étrangers au Ghana qu'a « Guinness Brewery » à Kumasi).

Comment un pays potentiellement si richement doté – en cacao, forêts, or, diamant, manganèse, bauxite, énergie hydroélectrique, minerais de fer, chaux et peut-être même pétrole – peut-il partager avec l'Uruguay la triste caractéristique d'être l'un des deux seuls pays membres de la Banque Mondiale dont le produit national décroît ?

D'abord, et c'est là l'héritage colonial d'un temps où la Côte de l'Or, florissante, portait bien son nom, une « bourgeoisie » s'est habituée à un certain luxe, de même qu'une partie de la population a accordé ses faveurs aux produits importés, décourageant par là la production locale. Mais aussi l'on peut se joindre au Général Ocran, ancien membre du National Liberation Council, pour dire aux Ghanéens... « that is time they realised that manna would not fail from Heaven »

Je vous prie d'agréer, Monsieur l'ambassadeur, l'assurance de ma considération distinguée.

L'ambassadeur de Suisse.

Monique a dû rester
définitivement en France
(il manquerait trop de choses
pour le bébé !)

Le coup d'État a eu lieu le 13 janvier :
le Ghana est en pleine tempête.

Après plusieurs voyages à Paris
en février pour régler les problèmes, retour
de Paul à Accra pour quelques semaines
afin de tout finaliser pour un départ
malheureusement définitif.

Lettres de Paul à Monique
(Mars 1972)

Accra, mars 1972

Monique,

Que d'impressions hier soir en rentrant dans ce qui fut notre chez-nous pendant deux ans, dans notre maison que j'ai retrouvée comme on l'avait quittée. Tout très bien rangé ! Mais que de poussière.

Il faut que je te parle de mon étape au Niger entre Paris et Accra ! Je suis arrivé très tard mardi soir à Niamey, suite à un retard d'une heure et demie au départ du Bourget. Ne connaissant personne dans cette ville bouillante de chaleur, j'ai téléphoné au directeur de la CFAO qui très gentiment m'a proposé de me prêter une Toyota 4X4 en me conseillant de partir très tôt le lendemain faire la route des girafes tout en me prévenant que j'en verrais peu ! Départ à 5 heures du matin. À 5 heures et demie, je découvrais le premier troupeau de girafes, puis un autre, puis une centaine, c'était extraordinaire, le ciel se levait, la terre était brûlée J'étais seul en plein désert loin de tout. Je t'ai fait des films superbes. Je suis tombé le bon jour.

Malheureusement, j'ai crevé en pleine brousse. Impossible de mettre le cric sous la voiture, celle-ci étant trop basse, enfoncée dans le sable. J'en ai bavé pendant une heure et demie. Coucher très tôt car l'avion pour Abidjan était à 3 heures du matin. Arrivée à Abidjan à 5 heures. Puis vol sur Accra à 10 heures.

Voilà. Je suis de retour ici. Parlons de l'École française où c'est un bazar monstre. Depuis le coup d'État, il n'y a plus de directeur. Les professeurs Noirs arrivent et les Blancs s'en vont. Tout le monde, parait-il savait dès ce matin que j'étais rentré et que j'avais démissionné pour envisager de rentrer en France. Dommage. Ce coup d'État, ces dévaluations et ce pays qui s'écroule.

Paul

Accra, mars 1972

Monique,

Cette dernière semaine a été difficile. Que de choses à régler. Ça ne se passe pas trop mal. Je passe une grande partie de la journée à m'occuper de mes affaires car à la Motors, tout est très mort. N'ayant plus aucune licence, nous n'importons et ne montons plus rien. C'est un bien triste Ghana que tu ne regretterais pas. Au grand magasin Kingsway, une queue de 150 mètres l'autre jour pour la distribution du savon. Partout en ville, les militaires contrôlent tout et ouvrent pour un rien les voitures en fouillant tout à l'intérieur. Il semble que dans deux ou trois mois la vie ici sera intolérable ; il n'y aura plus rien dans les magasins. Le contrôle des prix est très sérieux. Les marchandises n'augmentent pas mais tout le monde se rue dessus, fait des stocks et tout se vide. La GNTC de cette façon va vers la faillite ainsi que bien d'autres affaires. Tout le monde cherche des voitures d'occasion qui vaudront très cher dans quelques mois. J'essaye de vendre la R4 en devises, je crois que j'y arriverai à 10 000 francs !

Je viens de passer trois heures avec Riehl à régler le problème de la fermeture de notre filiale industrielle, absolument plus rentable.

De mon côté, je suis en train de faire un gros « deal » avec notre copain David qui ne m'a pas encore donné sa réponse définitive. Il me garantit de me changer NC 3 000 au taux officiel en dollars, Si je lui trouve NC 5 000 au marché noir à 1,50 le NC/dollar au lieu de 1,28. J'ai pour l'instant récupéré la somme de NC 3 000. Il m'en manque 2 000 à trouver auprès d'une autre personne. Quel truc !

Tout le monde ici anticipe à tort ou à raison. Certains vont y laisser leur chemise, d'autres vont faire fortune. Accra est devenue une ville trafic.

Paul

Accra, mars 1972

Monique,

Mes quelques lettres envoyées jusqu'à maintenant devaient être un peu décousues. Je pense avancer mon retour. Il ne me reste plus aujourd'hui qu'à obtenir mon billet d'avion, terminer totalement les caisses, et revoir David pour cette histoire de change et de trafic. Cependant, Riehl apprécie ma présence. Il est vrai, le pauvre, qu'il se retrouve seul, en proie à tous les contrôles de l'armée sur nos affaires. Comme je te l'ai déjà dit, il y a un contrôle des prix très strict, ce qui d'ailleurs m'ennuie pour la revente de la R4. Demain lundi, l'armée descend à notre filiale industrielle pour une visite contrôle, inspecter et voir ce qu'il y a à faire pour peut-être en tenter la fermeture. C'est incroyable et ça fait mal.

Je vais un peu te parler de moi : aujourd'hui donc dimanche, petite cérémonie en mon honneur au bungalow des Riehl à Pram-Pram... La mer était magnifique. Super chicken-barbecue sous nos 30° habituels. Il est à croire que lorsque l'on démissionne, on devient un héros. Pour cela, le Groupe CFAO est une boîte extraordinaire. Tout le monde à sa façon s'arrange pour que tout se passe bien pour moi. Riehl fait tout pour arranger mes problèmes de salaires. Saletto m'a accordé comme les autres une augmentation destinée à « arrondir les angles » en cas d'augmentation du coût de la vie de ces prochains mois. C'est une augmentation « prospective » que j'ai touchée bien que je ne sois plus là lorsque le contrôle des prix aura cessé. Une autre chose : dès que j'ai vendu notre R4, on m'a prêté une superbe R16. Donne-moi de tes nouvelles, ma grande.

Ton Paul

Accra, mars 1972

Monique,

Si tu veux bien je continue ma première lettre postée très rapidement juste avant de rencontrer Riehl avec qui j'ai discuté pendant deux heures. Il est écœuré par le Ghana, qui devient un pays en veilleuse pour 5, 6 ou 10 ans et plus. Il n'y a absolument plus de licences d'importation, c'est une catastrophe. Au département « Auto », ils ne sont plus que deux personnes. Pour ce qui me concerne, Riehl m'a bien compris, il a même approuvé ma décision de rentrer bien que, m'a-t-il dit, lui-même et Saletto aient demandé à Paris de me confier un poste de Direction dans un autre pays d'Afrique.

Samedi matin: je passe quelque temps au bureau à régler certaines questions « en pending » avec Riehl. Il me reparle de cette situation économique et, sur la base de chiffres, me dit qu'on est obligé de fermer la chaîne de montage le plus tôt possible puisque nous ne recevons plus de véhicules ni de pièces. Keck, notre responsable anglais, rentrera donc définitivement en retraite vers maijuin !

Je rencontre les managers noirs, déçus d'apprendre que je vais quitter; ma démission s'est sue rapidement. Hier matin, j'ai fait quelques achats, pas de riz, pas de sucre, peu de fruits. Les étalages sont presque vides; tout le monde sait que dans deux mois il n'y aura plus aucun produit importé au Ghana !

Dis, sais-tu que Valentin veut travailler avec nous il voudrait faire un essai de deux ans en France ? Il se mettrait vite à apprendre le français. Je lui ai parlé de sa famille, il m'a dit qu'il accepterait de la quitter et elle aussi, pensant d'un autre côté pouvoir faire quelques économies pour eux. J'ai pensé que si nous avions une maison à Villedieu, il n'y aurait pas de problème, mais à Cholet? Qu'en penses-tu? J'ai revu Annick, avide de nouvelles de toi. Ils sont aussi inquiets comme tout le monde au Ghana, et ne pensent pas y rester plus d'un an. Jean-Pierre ne reçoit plus de films pour l'Alliance Française Il m'a confirmé que beaucoup de gens qu'ils connaissaient de l'ancien gouvernement sont en prison avec tous les ministres. Il me dit que tous les jours, des scandales éclatent sur les activités de Busia et de ses ministres alors que ceux-ci étaient au gouvernement. Le nouveau Président Acheampong est un dur. Dans beaucoup d'endroits en ville, il y a des contrôles. Toutes les Rolls Royce et Mercedes de l'ancien gouvernement sont à vendre, Acheampong, le nouveau, allant lui au « Château » en Toyota ! C'est la mentalité jeune militaire pur et dur. Il attend cette semaine une délégation de Chine qui doit aider « à la communiste » à restaurer ce pauvre Ghana. Paraît-il également que N'Krumah, l'ancien dictateur, va revenir définitivement. Acheampong aurait dit aussi dans un discours :

« Je vous conseille, Européens et autres Blancs, de quitter notre pays. Dans trois mois, vous n'aurez plus que des bananes, des noix de coco à manger car nous n'avons plus un sou pour importer la moindre livre de beurre. »

Il paraît que Busia avait des comptes en banque en Angleterre, plein de milliers de livres sterling. On a découvert des scandales énormes ! Des fortunes ont été englouties sur des comptes européens par la bande à Busia.

Paul

Accra, le 28 mars 1972

Monique,

Je reçois tes lettres qui me font tant plaisir. Et je pense beaucoup à toi, surtout que ton « petit ventre » doit déjà avoir beaucoup changé depuis mon départ. Comme je te l'ai déjà dit, je trouve que Jérôme Salmon, c'est parfait.

Vincent ou Laurent Salmon, ça va moins bien. Qu'en penses-tu ? Par contre Irène, ça ne va pas. Je ne trouve pas de calendrier français avec les prénoms. Qu'aimerais-tu à la place d'Irène ? Et Laurence ?

À la Motors, rien de très nouveau, le Ghana s'écroule de jour en jour… Saletto m'a dit qu'après le Ghana, j'aurais remplacé Gavet pendant un ou deux ans comme Motors manager à Lomé, au Togo. Nous essayons depuis une semaine de vendre 20 Scout 4X4 à la Police. Les véhicules ont été spécialement aménagés pour eux, c'est la seule affaire intéressante de ces temps-ci. Mais que de complications avec les augmentations et la dévaluation. Je me suis « battu » pour ma boîte jusqu'au bout.

J'ai un problème de vente de la voiture : il est interdit de vendre plus cher ce qu'on a acheté, tout cela suite à la réévaluation. Sais-tu que tous les bureaux des ministères et autres sont contrôlés par les militaires ? Ils obtiennent le grade supérieur dès qu'ils détectent quelque chose d'illicite. 4 Indiens avaient « dashé » (donné en sous-main) NC 10 000 à un militaire afin d'éviter un contrôle de taxe. Un militaire a mouchardé, et d'adjudant va passer capitaine.

Je dois t'écrire là une de mes dernières lettres. Tout ce qui se passe ici me fait un peu mal ! Je repense à tout ce que nous avons vécu, tu te souviens !

Paul

Lettres de France de Monique à Paul quelques mois avant la naissance

En route pour Catimini…

Villedieu, mars 1972

Paul,

Ce matin, pas de courrier, j'en attends demain sinon je prends l'avion pour aller te voir. Hier, je suis allée à la maison Salmon dîner. Ta mère était là. Nous avons discuté. De quoi ? Eh bien de toi et de ta place dans l'usine suite aux discussions que tu as eu avec tes parents. Je vais essayer de te raconter, mais ne me gronde pas si tout n'est pas clair. Hier, ils ont donc eu une table ronde avec les consultants en marketing. Cette société en projet, comme tu y tiens absolument, a pour but d'étudier avec les Ets Salmon un autre produit dans l'enfant. Ils aimeraient que tu en prennes l'entière responsabilité. Mais je te comprends car nous hésitons tellement encore. C'est donc par des « si » que tes parents m'ont parlé. Bébé remue beaucoup en ce moment.

Dans le projet que tu avais exprimé, il faudrait que :

1. Tu lances une nouvelle marque ;
2. Tu fasses une collection de 50 modèles de vêtements 0-2 ans ;
3. Tu recrutes des représentants autres que ceux qui existent déjà aux Ets Salmon ;
4. Tu trouves des façonniers qui fabriquent ta nouvelle collection ;
5. Tu fasses ton propre budget ;
6. Tu recrutes ton équipe ;
7. Etc.

En fait, cette société (je sais que tu y tiens tellement) serait autonome progressivement. Ainsi, on pourrait juger si elle fait des résultats ou mange de l'argent, cela n'empêchera pas que tu serais aussi directeur de la maison mère. Je sais que tu ne le souhaites pas. Ton père a beaucoup de choses à voir avec toi.

Le travail est préparé ; le consultant, la société Oui Marketing de Marseille qui t'attend s'occuperait de la marque et de l'image de la collection… Ton père s'occupe aussi des façonniers: il parlait hier soir d'acheter des parts chez certains, mais rien est fait à ce sujet.

Tout devrait être en place avant le 1er janvier 1973, date à laquelle tu commencerais à livrer ta nouvelle collection qui te permettrait de rentrer dans les boutiques. Sachant ton goût de l'International, tu exporteras certainement.

Paul, j'ai fait de mon mieux pour t'expliquer l'évolution de tout ça.

Continue à tout me raconter sur le Ghana.

Ta Monique

Villedieu, le vendredi 24 mars

Paul,

Tes parents ont reçu cette fois l'organisation et le projet « marketing ». Ils ont avancé sur ta nouvelle collection; une styliste de Paris est venue avec eux, c'est elle qui fait les modèles. Rien de nouveau à part ça. Mais ils t'attendent.

Sais-tu que nous aurons un référendum fin avril : oui ou non à Pompidou, c'est la grosse affaire en France en ce moment.

Dès que tu seras à Paris, téléphone-moi et j'irai te chercher à Angers. J'ai sept mois de grossesse passés donc aucun danger; je peux aller te chercher et je ferai du 300 km/h pour te retrouver et être à l'heure à la gare.

Je t'aide moralement à faire toutes ces caisses. Un petit conseil: n'oublie pas de protéger chaque assiette de mon service, c'est tout; le reste, je sais que tout sera parfait. Je repense à notre maison qui se vide, à ces mois et années que l'on a voulus ensemble là-bas. Et puis, d'un seul coup, ces dévaluations, ce coup d'État et cette naissance qu'on attendait tant ! Dis plein de choses à tous nos amis français, anglais, canadiens, libanais, etc.

Monique

Monique et Paul Salmon, Accra, Ghana, Appendice

Monique : Et si on rentrait ?

Paul : Quoi ? !

M : Le coup d'État, les dévaluations, aller au Togo pour trouver du beurre ou du lait, ça fait beaucoup !

P : Et mon job, et tous les amis de partout, et la brousse, et les pistes alors ?

M : Je te le dis, on devrait rentrer.

P : Pour faire quoi ?

M : Quelque chose de nouveau ! Créer l'entreprise dont on rêve, par exemple... Tu sais, ces vêtements de zéro à douze ans...

P : Différents, colorés, craquants ! Tu as peut-être raison. D'ailleurs, le ventilateur vient de tomber en panne... Mais alors on fait des choses nouvelles et on démarre fort et vite. Et on exporte dans tous les pays du monde...

M : Ce serait une petite entreprise très dynamique... Du genre de celles qui réussissent là où on les attendait pas... Et si on l'appelait...

P : Cathy-Mini ?

B. H. Kuaghena (le chef comptable)
Box 2710
Accra
Accra, le 17 juillet 1972

Mon cher Patron,

C'est avec un grand plaisir que je vous informe de la réception de votre gentille lettre que j'attendais depuis un moment. Grand merci.

Depuis votre départ du Ghana les affaires vont de mal en pis et cela pose un grand problème à la maison. Cependant nous espérons que les choses reprendront dans le temps selon les promesses du nouveau régime militaire.

J'ai la conviction que vous vous êtes bien vite assimilé à vos nouvelles fonctions, car je n'ai aucun doute à ce sujet et je sais bien que vous êtes doué d'une administration impeccable. Ici, nous tentons de continuer tout le travail que vous aviez entrepris avec un tel acharnement.

Malgré cette débâcle, nous croyons que notre pays pourra un jour se relever. Je me souviens, Monsieur Salmon, de cette époque où ensemble nous construisions nos budgets prévisionnels.

Tous les membres du staff me joignent en vous souhaitant une bonne santé et du succès dans vos entreprises.

Bien des choses à Madame et au nouveau-né.

Votre ancien collaborateur

TROISIÈME PARTIE

LIGNES DE CIEL

- VOYAGES
- PORTRAITS
- INSTANTS

Pendant des années, j'ai pris des photos… sans appareil. Elles se sont gravées sur la pellicule de mon cœur. Photos des voyages effectués pendant vingt-cinq ans dans une cinquantaine de pays. Émotions que je ne pouvais garder pour moi et qui me revenaient au cours de vols interminables. À dix mille mètres d'altitude, je les revivais et les peignais avec des mots, avec le son des mots, avec le rythme et la couleur des consonnes et des syllabes. Sans rien romancer : juste refaire la photo. Démarche assez sobre. Puis bouts de papier oubliés pendant des années.

Aujourd'hui, j'en fais un album.

Je l'appelle *Lignes de Ciel*, lignes de mots écrits dans le ciel. Scènes furtives, découvertes entre deux rendez-vous, lors de mes voyages en Amérique du Sud, en Asie, ou en Afrique, avec Monique ou avec nos amis. Parfois scènes de misère insupportable qui venaient se mêler aux affaires… Mais aussi, et surtout, scènes superbes, ou plus simples, que j'ai eu la chance de vivre, ici ou là-bas.

Désormais, elles voyageront… sur le papier.

Paul Salmon

VOYAGES

BIVOUAC

Le vent caresse
L'odeur de braise,
Moment de tendresse
Quand on s'enterre
À même la terre
En tête à tête,
En parenthèses,
Espace de trêve.
Puis tout se serre
Sans maladresse,
On roule nos têtes
Sur un bout de laine,
Entre les miettes
De cacahuètes,
Les savonnettes
Et la cuvette.
La nuit s'égrène...
Comme un chapelet,
Heures de carême
À même la pierre.

CRASH SUR LE PARIS-DAKAR

Épaves
D'étape
Crachées
Dans le Sahara
Par des 4X4
En rage
De hargne
Pour une victoire.

Après la casse,
Dans les bivouacs
Sous les étoiles,
Il revit
Le drame
Et les images
Du petit Ignace,
Fauché
Sur la taulasse
De son village
De Haute-Volta.
Là-bas
On tire
En première page
Et là,
On tourne la page
En creusant le sable,
In memoriam
D'une vie d'hier
Sur le Dakar.

TAXI-BROUSSE

Tout bouille
Dans ce bus
Fourre-tout
Sur la route de Boukoubu
Dans ce bout
De brousse.

Entre cageots
Et ballots,
Les femmes
En boubou
Couvent
Comme des poules
Leurs fourre-tout
Et fétous
D'où coulent
Goutte à goutte
Le Fufu
Et le ragoût.
Tout s'embrouille,
Leurs joues
Avec les mouches
Dans l'odeur
De piment rouge.
À chaque courbe
Les boursouflures
De leur bouille
De nounous
Roulent en cascade

Telles des boules
De caoutchouc
Au tirage
Du gros lot
De Mardi gras.

ROUTE DE CORSE

Tatouée
Et cisaillée
Ta peau de roche
S 'est déchirée Et au cimetière De Vivano
Ils ont craché sur tes héros.
Dans tes virages en timbre-poste
S 'accrochent
Sur l'écorce
Des troncs
Des tracs
Bardes d'agrafes et que les traces
D'encoche
griffent
Sous les orages.
Tes parapets
Tagués
À coups de bombes portent des couplets
Comme sur les tombes.
À Savena,
Sur l'macadam
Capot ouvert
Carcasse à l'air
Un vieux 4X4
Comme un cabot
Près d'une baraque,
montre ses crocs.

SUR LES RIVES DU NIGER

Tillaberi
Et son escadrille
De moustiques.
C'est d'un coup
L'uppercut
D'odeurs
De vieux diesel
Et de moteurs noirs.
Au bord du fleuve
Glissent
Pirogues
Et Gabares
Avachies
De grumes
De Filaos.

Couleur de suie,
Nus comme des vers
Les gosses aux yeux
En bille d'Agathe
Courent
Sur les galettes
De bouse
Entre les femmes
Aux hanches vastes.
Plus loin, un vol d'oiseaux
Bleu cobalt
Suce
Le lait amer

D'un troupeau de Zébus,
Immergés dans la glaise,
Au bord du Niger.

JOHAL 1

Johal,
Port de pêche
Sous le toit
Des nuages
Ce soir
De Sénégal.

À dos d'âne
Les relayeurs
De glace
Sur le miroir
Noir
De la plage
Égrènent
Leurs ballades
Entre les espaces
Des barques
Et les flaques
De vase.

Au large
L'orage joue
Avec les vagues
Entre un vol d'oiseaux
Et un ciel violet
Immergé dans la mer.

JOHAL 2

À la lisière
De la vague
Les femmes de Johal
Jouent à cœur joie
À courir à petits pas
Entre les charrettes
Et les navettes
Sur la glaise
Du bord de mer.
Elles s'enfilent
Entre volailles
Et poissonailles
Avec leurs vieilles sandales
Nouées d'un bout de cordage.
Le soir
Vers les baobabs
La brousse résonne
Du choc
Sur la terre ocre
De celles qui pilonnent.

Là-bas, au bout
Du banc de sable blanc
Les pélicans,
Leur gros-bec en épuisette,
S'affalent
Lourdement
Comme de vieux
Coucous
Du temps où Saint-Ex'
Atterrissait dans le vent.

MOPTI

Sur la piste de pierre
D'avant et d'hier
La vie est une trêve,
Instant de parenthèses.
Décor tout à l'envers
Où des bouts de culture
Arrachent au désert
Un espace, une parcelle.

Ici la mort
Rencontre la vie,
Comme induite
Dans cette grande épicerie
Qu'est le port de Mopti,
Là où le Mali respire
Comme un lavoir public.

Là, la vase décrasse
Les peaux de corail noir
Les viscères de carcasses
Et les taules de 4X4.
Plus loin l'eau est partie
Du Ténéré vers la Libye
Et la vraie vie s'est égarée
Entre Mopti ou bien Djéné.
Le Nord-Mali
Serait une île,
Où l'on importe la pénurie.
Plus rien ici ne dégouline
Même si des gouttes glissent
Lisses sur des fronts meurtris.

AU PAYS DOGON

Entre filin de vert
Et pierre de roc,
Poussière de craie
Et canon d'ocre,
Ils vivent leur hier
Repoussoir de leur mort.

Loin des bielles de Berliet
Cracheuses de décibels,
Ils se figent
Dans leur Toguna,
Espace à palabres,
Tabernacle de mémoire.

Là, au pied du Bandiagara,
Loin des fracas de taule,
Ils érigent leurs greniers,
Silos charpentés De chaume,
Comme des nécropoles.

Là-bas, la nuit se lève
Et ne tombe jamais.
Elle est le germe
Contre le soleil,
L'intercalaire
Et le courant d'air.
Sur cette terre de casse-tête
Usée par le millet,
La ronce et l'ivraie
Ils crèvent sous la fournaise,
Chaude terre sans mer,
Sans air,
Sans fenêtre,
Sans moustiquaire
Et sans volet.

NORD-PHILIPPINES

Entre les toits
De taule
De Bantoc
Et les escaliers
De mica glacé
Des rizières
De Banaue
Tout dingue
Au fond de la Chico
Vallée des Ifuago !

Entre les crocs
Du capot
Du Jeepney
« Malolo »
Percent
Deux boules de chrome,
Rondes comme des
Mamelles
De Madones
Espagnoles
Et peinturlurées
De prières
En argot Philippo.
Dans le goulot
Du col
De la Botos-Road,
Quand résonne dans les gorges
Les klaxons baroques,
Il crache son radio-disco
De bistrot
En sirotant
Son pétrole,
Atteint
D'overdose
Par les trombes d'eau
Du cyclone.

TERRE ROUGE

Je me souviens…
Des Noëls
Jaunes de soleil
De la terre rouge
De l'ombre chaude
De l'eau du ciel
Du poids des odeurs
De la lenteur de l'air
Des griffures de machettes
Des vents étourdissants
Des matins lumineux
De la chaleur des citrons
De la fraîcheur des bananes
Des couleurs de midi
Des cailloux de terre
Sur l'argile détrempée
Du parfum des mousses
Du souffle de ta peur
Dans le fond de la brousse.

DJÉNÉ

Sans calque
Et sans compas
Les artistes
De la terre rouge
Du Niger ont rêvé
Leurs gestes
En crachant
Sur la glaise
Craquelée
Et fissurée
Pour faire naître
La Mosquée
De Djéné.

Désormais délavée
Fatiguée
Sur ses piliers brûlés
Elle jette Au soleil
Son croissant De lune
En appelant
Segou
La rouge
Au secours.
Au pied
Les filles peuls
Croisent
Le crépuscule
Cahotant
Les pieds nus
Sur les trous
De sabots
Des troupeaux
De Zébus.
Le soleil
Brûle
Leur nuque.

BOIS DE BROUSSE

Bois fendus
La bourés
De brûlures
Sur la croûte
De leur ventre.
Bois traînés
Dans les trains
De brousse
Et arrachés
À la boue
Par les morsures
Des grues.

Bois battus
Abattus
Dans un silence
Gavé de canicule
Entre brume
Et crépuscule.
Grumes
Qui s'épousent
Nourries
De fuel
Et de poussière
Dans les cales
Et les bennes
Assaillies
De soleil
Et d'averses.

Grumes
Aux nervures
De bronze
Et de rouille
Jusque dans
Les pliures
Des coups reçus
Sous une lumière
Brûlante,
Injustement !

DANS LES RUELLES DE MARRAKECH

Entre contrastes
Et murailles,
Tout se serre
Dans ces ruelles
De salamalèques
Et de poussière.
Embournoussés
Comme des bergers,
Ils crachent
Sur leur mobylette
Des décibels
Au son
D'insectes
Ou de guêpes
D'avant sommeil.
À l'heure
De la prière
Et des emplettes
De pain-galette,
Ils bousculent
Sur la terre sèche
Les boutiquières
Et les épicières
De cacahuètes,
Les gobelets
De lait amer
Giclant
Sur leur paupière.

ÉMEUTE À FÈS

Des torchis, ensanglantés,
Trois hommes sont évacués.
Après l'émeute c'est la nausée
D'amas de corps calcinés.

Des rideaux de fer saccagés
Les tirs se meurent d'intensité.
Pourquoi Fès s'est-elle embrasée ?
Frondeuse, elle a toujours été.

Fès n'ose plus se regarder...
Temple d'une bourgeoisie éclairée,
Elle qui aime en remontrer,
Elle qu'on avait oubliée

Après des sécheresses répétées,
Chassés, ils s'agglutinaient par milliers...
Trop chère
La farine a fait craquer
Le gros de la troupe des émeutiers.

HIVER D'ATLAS

Là-haut,
Les étoiles font leur nid
Dans la nuit
Au-dessus des mèches
Des moutons noirs
De l'Atlas.

Plus bas
Comme des flocons
De ouate
Serti dans du cordage
Un troupeau
De chèvres
Du Tichka
S'étire
Comme une ficelle.

Plus bas mes yeux,
Billes de verre,
Roulent sur la giclée
De terre rouge
De Marrakech
La rousse.
Plus bas,
Tels des oiseaux de plomb
Dans les bras
D'un orage,
S'ébattent
Les marcheurs

Du matin
En Djellaba
De chanvre noir.

Plus bas encore,
Sur le dos des fourmis,
Un petit
A enfoui
Un noyau d'olive.

FIN DE SOIR

Les fins de soir ils plongent, ventre nu dans la boue noire, éponge de crasse et de vase, entre les docks et les grues, dans l'odeur de poisson mort. Les caniveaux sont leur plage, les flaques d'eau, la mer et le large.
À intervalles, le vent balade le cri sauvage d'une locomotive aux wagons vides.
Dans la paume de leur main, s'use le manche à fabriquer des bouts de charbon pour pas un rond, entre Haïphong et la baie d'Halong.

KUCHING, BORNÉO

À Kuching, sur l'asphalte bouillant, dans les tourbillons de poussière rouge, on roule, on étouffe avec l'angoisse d'errant, de rouleur de bosse, de brûleur de dur !
On boit le vent et la vie est couleur dans cette humanité où pousse un gosse à tous les pas.
Fabuleux continent du sourire au bord du Paradis, avec ses odeurs d'abats ébouillantés ou de crêpes de moelle de chien farci à la moutarde d'Indonésie.

SUR LES TROTTOIRS DE MANILLE

Sept heures,
Odeurs
De nuit
Morte
À Manille.
Les « fourmis
De troc »
Trottent
Sur les trottoirs
Et se parquent
Dans le noir
Sur des bouts
De pavasse,
Des bidons
D'huile Antar
Pour paillasse,
Pour table,
Ou étal,
Là, las !

MADE IN CHINA

Heures lourdes
De chaleur, :
Murmures
De ventilateur,
« Pair Impair »
Est née !
Quiriades
De lourds buffles noirs,
Serpentins
De vélos noirs,
Incroyable que
Ce voyage
Dans la fourmilière
Chinoise.
Hérissée
De cheminées,
De cordages
De bambous noués,
D'échafaudages
Torturés,
La Chine rejette
Son passé !
L'usine,
Sur la pente agrippée,
Bat sur un rythme
Détraqué,
Métiers et radio
Cadencés
Sur une mélodie

Massacrée.
Houming Le D.G. appointé
À jadis déserté
Et de Hong Kong
Est retourné,
Près de ses frères
Abandonnés,
Faire renaître l'ère
Du prix-marché.
Lois et quotas
Cumulés
Creusent
Là-bas
Un fossé d'iniquité.
Quand Pair Impair
A débarqué
Tous ces yeux bridés,
Affairés
Ont d'abord ignoré
puis remercié
Pour plus de riz
Et de liberté.

(Pair-Impair : ligne de vêtements d'enfant)

PÂTURAGE DE ROCAILLE

Entre le bleu
Des glaces
Et l'écume
De nuages
Ils broutent
La poussière
Bouts d'agneaux
Du Tichka.
L'été
Crispés
Sur les pentes
Griffés
Par le vent
Ils s'égratignent,
Dans leur prison
De soleil,
De bouts de pavés
Et de verre bleu
Abandonnés.
Quand l'hiver renaît
Gris de givre
Couleur
De larmes
De bougies,
Ils repartent
Sur les cils noirs
De la rocasse
Entre le reflet
De lune
Et le rebord
D'un nuage.

CARACAS

Près d'un bidon
De gas-oil
Et d'une vieille Cadillac,
Avachis
Comme des poupées
De chiffon,
Les paupières
Alourdies
Par l'herbe
De la chiche,
Ils regardent
Un match
De base-ball
Les pieds fourchus
Sous leurs jeans
Fripés.
Entrc odcur
De hasch
Et rhum
De Cuba,
Entre nuages noirs
Et bruits d'alarme
C'est l'alcool
Qui parle
Plus tard,
Dans les bars
À blues
Du port aux putes.

DANS LES RUES DE MANILLE

Il se tortille…
Et sous ses vieilles guenilles
Se cachent des aiguilles
Qui le piquent en escadrille.

Sa vie, sans famille,
Est faite de broutilles,
Chez lui, rien ne scintille
Et son cœur se fendille.

Ses cils en coquilles
De ses yeux en pastille
Autour d'une myrtille
S'ouvrent et s'écarquillent.
Le dos en cédille,
Maigre comme une quille,
Il roule sa bille
Ou avance en étrille.

Usées comme des morilles
Ses pommettes pendillent
Et ses pieds s'entortillent
Dans deux bouts d'espadrilles.
Fragile comme une brindille,
Il titube et vacille.
Ils l'appellent le gorille
Dans les rues de Manille.
Le soir, il se roule en vrille
Telle une chenille.
Tous disent qu'il pille
Tout ce qu'ils gaspillent.

INSTANTS DU MONDE

Instants
D'années
En dentelle
Sur la membrane
De la pellicule
Du grenier
De mon cœur.

Je les caresse
De gouttes d'encre
Ils sont mes troubadours
Et mes bruits de fond
Et fleurissent
Le coloriage
Du temps qui passe.
Je les mélange
Ces souvenirs
Aux sourires
Incassables
De tous les raisonnables
Raisonneux.

La lumière
Des miroirs
De glace
Cousus
Au petit point
Sur les roches
De la Cordillère

Entre Santiago
Et Mendoza.
Les mines
Fatigués
De mauvais sommeil
Des interdits de vivre
Sur les trottoirs
De São Paulo.
Les regards verts
Des bergers Du Tizi-N-Tes
Ennoyautés
Dans leur couverture
De papier
Sur ces bouts
De paradis de terre
Suspendus
Au soleil.
Les rides et rires
Giflés d'écailles
Et de froid
Des mareyeurs
Du bout du quai
De Valparaiso.
Les borgnes
Du monde
Aux fringues
D'occase,
Qui dorment
À contre-jour
Les volets
Grands ouverts
Sous le béton armé

Du métro de Moscou.
Ceux qui ont pour soleil
Des lueurs
De portes ouvertes,
Qui collent
Aux vitres
Et bouffent
De restes
Ou de rêves
En buvant
À la chaîne
Des gorgées
D'alcool froid.
Et tu es là
Dans mes voyages
Près des paupières
de Raphaëlle.
Accrochée
Au crayon
Tu la raccroches
Quand elle décroche
En agrippant
Sa caboche
D'où tombe une mèche
Sur un feuillet
De cahier neuf.

SUR LES RIVES DU SAINT-LAURENT

Écharpe ou foulard
De crevasses de nacre
Ou de coulis de craie,
Tu t'es arrêté
Ébréché et cassé.
Entre les crocs de tes rives,
À Sainte Croix du Québec,
Tu t'immobilises
Comme un grand plat
De porcelaine brisée.
Crissant tel de la ouate
D'aluminium
Tendu de crin,
Le vent te déchire
Et te décolle
Comme les vieilles plaques
De Formica
De bouts de tables
D'hôpital.
Laine de verre
Jaunie de terre
Tu longes tes Saints
Pierre, Nicolas, Antoine.
Tu leur griffes les bords
Et à Trois Rivières
Tu étrangles
Les cubes
pastels,
Et les boîtes de couleurs
Où s'endorment
Tes hommes
Dans le silence blanc.

MASSACRE EN ALGARVE 1

In memoriam du clapotis des vagues,
Au bout du Portugal ont disparu les barques.
On aurait dû crier : « Eh Algarve, défends-toi !
Halte là !
Tenez, baraques en bois, face aux mille villas ! »

Donjons de moulins blancs sur la pente
accrochés,
Loin d'Albufeira et plus haut que Soulé,
Fuyant le bord de mer, éventrée, écorchée,
Un peu moins mal gachée, l'Algarve a résisté.

Les golfs t'ont lézardé, les barques ont déserté,
Seuls les orangers cachés dans les vergers
Résistent à ceux qui mordent tes pentes
bouleversées.
Errance des égarés, mais qui là furent nés.

Vague à l'âme, faut-il que ce massacre
Injuste saccage d'une terre en désastre,
Pousse enfin les larmes de ces femmes aux yeux
noirs
Et qu'un fort cri d'alarme protège le Portugal.

MASSACRE EN ALGARVE 2

On t'a ouvert le ventre
On l'a rempli de briques
Puis on t'a mis en vente
Aux Britishs à p'tits prix.

L'Algarve est au service
De leur Smic et de leur fric.
On l'a aimée en friches…
Elle souffre sous les machines.

T'étais comme un dimanche
T'es dev'nue un lundi.
T'as plus qu'à faire la manche
Avec ceux d'Outre-Manche.

Là-bas vers la Tamise
L'odeur de chat qui pisse
Donnent à ceux qui t'enlisent
L'envie d'blanchir leurs livres.

ISLANDE

Minée
Râleuse
Minérale
Te voilà
Île de laves
Et de sables
Entre tes ports
Et tes fjords.
Tu confies
Tes humeurs
Tes couleurs
Tes rancœurs.
Tes chapelles
Coiffées de noir
Et de Rouge
Écarlate
Sont lasses
D'attendre
Ces dimanches
D'Islande
Et tes pêcheries
De morues
Racornies
D'Olatsvik
Sont les vigies
Endormies
De tes rives
D'où glissent
Saumons
Et truites
Vers les gravières
D'avant-vie.

SUR LE PAVÉ IRLANDAIS

Histoires d'îles
Et de vies
Entre Guiness
Et Paddy
Au pub
De Maconfield
Sur la Corrib.
Dehors
Sur le pavé
Gros sel
La grand-mère
Et le petit-fils
Ouvrent leur parapluie
Et la poudre
Du soleil
Glisse
Sur les taches
De rousseur
Couleur
De rouille
Et de miel
De leur bouille
D 'Irlandais.
Tous les deux,
Muets
Comme un muret
De pierre,
Se serrent.

NUIT D'ORAGE

Entre les racines
De cette terre
Usée de soleil
Le flux vit ses histoires,
Paysages et mémoires.

Sa voix est déchirée
Et résonne dispersée.
Tout est écho et traces
Entre arbres
Tordus et noirs.

Là, les choses parlent
Et livrent leurs voix.
Elles montrent du doigt,
Racontent des palabres
Où délivrent un message
Qui coule dans la mémoire.

Entendre sans voix,
Caresse d'un souffle banal,
Mélodies et paysages
Sur une peau musicale.
Empreintes et tatouages,
Désordre d'une nuit d'orage,
Au bord de la Volta,
Où l'eau bave et lézarde.
Quand le temps s'éloigne
Dans ces marécages,
Le vent, lui, regarde,
Passe, ricoche et s'en va.

PORT QUI MEURT

Qui aurait cru
Que toutes ces grues
Le long du port,
Comme des bras morts
Tournés au Nord,
Viendraient à mordre
Le long, au bord,
Non plus des tonnes
De blé ou d'orge,
Mais des remorques
De vieux transports
Pour les jeter,
Toutes en désordre,
Par-dessus bord
Et sans remords.
Adieu vieux port
Qui las se meurt !

MISTRAL ET CAMARGUE

Au milieu des iris
Jaunes
Et du limon gris,
Entre Les Saintes-Maries
Et Saint Honorat,
Là où les étangs
s'embrassent
Et les bras
S'entrelacent,
Tu regardes
Le soleil
De ta nef
Grande ouverte.
Ridée par le mistral,
Craquelée
De becs,
Et caressée
De plumes,
Ta terre
Givrée de sel
Appelle
Le grand Rhône
Pour mélanger son eau
À la vase saumâtre
Du sable que tu bois.

DE BEAUCE EN LOIRE

Par la glace
Du TGV
Filent
Les prés bigarrés
Et les villages
Aux écailles
D'ardoise.
Entre Chartres
Et les vals,
Mes yeux
Tire des traits
Sur la peau
De la Beauce.
Plus bas,
Lasse de son voyage,
La Loire
Crache
Dans son bec
De St-Nazaire
Ses rejets
De rapace :
Trois barques
Trompées par le compas,
Étranglées
De cordages
Et battues par l'écume,
Entre brume et silence,
Dans le blanc
D'un dimanche.

AU TEMPS D'AUTOMNE

Au temps
D'automne
Les Vosges
Se taisent
Sous le ciel lourd.
Comme un gros bagage
Les champs voûtés
Font face
À un tapis persan
De feuilles
Rouges et ocres.
Plus bas
Lisse comme du formica
Le lac se déchire
En fines crevasses.
Au bord du macadam,
Le froid croque
Les troncs écartelés
Des conifères fatigués.
Tels des bougies consumées
Ils referment leurs bras
Avant de se fondre
Dans l'ombre noire,
Comme un coquillage
Dans sa vase.

DU HAUT DU BALCON

Les soirs de voyage
Je répète mes litanies
Du haut des balcons.
J'interroge l'écume
Je parle au silence
Je retrouve des inconnus
Je me souviens de mes oublis
Et comme un foulard de soie
Je vois voler le vent

J'ouvre mon monde…
Et je le peins
À contre-sens.
La vitesse de la taupe
La lenteur de la lumière
La tristesse du soleil
La chaleur de la glace.
Je rentre dans l'envers
L'inverse du quotidien
Que je décore
De mes couleurs
Je ressens le monde,
J'allume ma tête
Et la mer m'emmène
Sans savoir
Où elle va
Où elle s'arrêtera
À Boston
Ou ailleurs

Ou plus loin
Par d'autres chemins.

J'entends sa présence
Et son abandon
Au-delà des jardins
Et des toits du monde.
Elle est tout et rien
Et je rêve en une nuit
D'engloutir sa dimension.
Les grèves de la terre
Ne sont que son sillon.

PORTRAITS

ENFANTS SANS HAINE

Tous gringalets
Comme des lacets,
Leurs têtes
S'entêtent
Dans les poubelles.
Près de la margelle,
Coule l'eau d'vaisselle
Et leur cuvette
Est leur assiette.
Entre les miettes
De cacahuètes
Et les briquettes
De vermicelle,
Tels des statuettes
Dans la détresse,
Leurs yeux inquiètent,
Enfants sans haine.

BOUT DE CHAGRIN

Au bord du port
De mal en pis
La haine se terre
Le Mali meurt.
Les pieds mouillés
Dans le benzène
Un petit nous offre
Son bout de chagrin.
Il touche et parle
Et ses yeux quêtent.
Tout près,
Sous un Berliet
Aux bielles ouvertes,
Un autre appelle
De son squelette
Un sou de monnaie,
Un bout de poulet.

MÔMES DU MALI

Entre rocailles
Et murailles
De terre battue
Dans l'odeur rance
De Karité,
Ils sourient
Pour une pointe Bic
Petits gris-gris
En chemise kaki.
Les mains tressées
Comme un panier d'osier,
Ils veulent toucher
Comme pour parler
Ou bien frôler
Comme pour aimer.
À la naissance
De leur regard,
Leurs yeux embrassent
Dans l'embarras
Une larme de soif
Poudrée de sable,
Goutte d'espoir,
En forme d'étoile
Sur les gros nuages
De leurs tracas.

FEMMES-GIRAFE

Oubliées du temps
Loin du triangle d'or
Elles cachent
Leur âme
Sous l'encolure
De la spirale
De leur métal.
Bloqués
Sur la clavicule,
Les anneaux
Dissimulent
À peine
Les veinules
De leur nuque.
Sous cette cuirasse
De cuivre,
Des mandibules
Jusqu'aux rotules,
S'emboîte sous l'occiput
Le lourd tribut
De leur tribu.
Elles sont femmes
Ou girafes
Et s'usent
Sous leur torture,
Elles qui endurent
Sous la canicule,
Sans aucun murmure,
L'armure
De leur parure.

AUX HALLES DU PORT D'ACCRA

Noire de graisse
De cirage de maquillage,
Bondée dans son corsage,
Et lustrée comme une fanfare
De l'harmonie municipale
Elle est là
À plumer la volaille.
Ses ongles sales,
Tels des becs d'oiseau en cage
Tirent les derniers poils
Puis s'enfilent dans les abats
Et mordent, avares
Les derniers bouts de grenaille.
Parfois de sa main lasse
Elle tire un bout de banane,
Elle, l'éplucheuse de poulardes
Des halles du port d'Accra
Lustrée comme une fanfare.

LE VIEUX BUFFLE

Criblé
De boue,
Bossu,
Obtus,
Absurde,
Le vieux buffle
De brousse,
Usé de
Tics
Et de vermines,
Revit
Grâce aux griffes
Du bec,
Des pique-bœufs
Qui piquent
Avec systématique
Les parasites
De leur pique-nique.

MOUCHE BLEUE

Sur sa petite joue
Sucrée,
Couleur de pêche
Et de coquille
D'œuf
Glisse une mouche bleue
Entre un reflet
De larme
Et une goutte
Tombée d'un cil
Du ciel.
Sur ces petits grains
De peau mouillée,
La mouche se lave
Et les yeux du petit,
Comme deux bouts
De chandelle,
Craquellent
Et se referment
Comme des volets.
Et puis, il se met à sourire,
Et deux petites larmes brillent
Comme au travers du verre
D'une vitrine
De bijouterie.

BOUT DE FEMME DU VIETNAM

Menue,
Pieds nus À bout Debout
Dans la boue
« Elle joue »
Au travail.
Sa mèche
Noire
Se balade
En balançoire
Sur sa barrette
De nacre noire.
Moins chère
À vivre
Ou à nourrir
Elle est le buffle
Et la charrue
L'omoplate
Et le bagage
La courroie
Et le sarclage.
Femme de trait,
Elle est le godet
Et la brouette,
Aspirée par la glaise,
Tiraillée par le soleil.
Dans ses navettes
Au millimètre
Sur les mosaïques
De mica

Que sont les rizières
D'Ho Chi Min,
Elle est l'outil de vie.
Couleur
De vieux cuivre,
Ses mains usées
Cisaillent
En fines lames
Les rives
Des digues
Vert-olive.

DANS LES RUELLES D'HO CHI MIN

Dans le capharnatîm
D'une économie de trottoir
Entre l'étal
De bouquins jaunis,
Et de vieux catéchismes
Étranglés d'élastiques,
Ils égrènent
Une paix clandestine.

Usés et petits,
Nerveux comme des Suzuki,
Ils sont là accroupis
Sur de vieilles batteries,
Le visage coiffé
De boîtes de Vache qui rit.

Dans les coulisses insolites
Des ruelles d'Ho Chi Min,
Marigots de lessive,
Ils laissent glisser
À l'improviste
Leurs regards anonymes.
Bavards d'histoires
De cavales
Et de visa,
Rayés d'avenir
Par les Viet-Minhs
Ils interrogent l'au-delà.

Le soir, ils se cachent
Dans la poussière
Des gaz
Des grappes
De Honda,
Sous la visière crasse
De leurs casquettes
« Kubota ».

EXODE À CUBA

On l'a casée là,
La vieille,
Dans la barcasse vers Cuba
Entre la boussole
Et le compas
Comme un Almanach,
Dans un vieux tiroir.
On l'a cueillie de sa brousse
Pour embrasser son fils
Parti sur des navires.

Depuis, près des petits,
Elle est l'anthologie
La vie, la poésie.
Ronde comme une mappemonde
Et haute comme un château d'eau,
Elle trône la mine réjouie
Assise dans la boutique du fils,
La tête, gonflée comme un clairon
Lustrée de poudre de riz.

MINEUR DES ANDES

« Donne-moi
Un verre d'eau ! »
Criait Pedro
Dans ses rêves
Au soleil,
Et fais-le rafraîchir
Par un pêcheur
De Terre-Neuve.
Cantonnier
Mineur de fond
Des mines de Bolivie,
Il est le pantin sans lumière
Sous son casque
De paille.
Comme une République
Ou un laveur de vitres,
Il creuse,
En déchirant
Ses bras
En forme de croix.
En silence,
Il gratte de vrilles
et de pieux
Les tripes
Du sous-sol
Des Andes
Pour une pierre,
Toute une vie,
Sous la terre.

MAXWELL

Dans Soho
Il zigzague
Avec sa bière en boite,
Son casse-dalle
Dans son sac,
Le petit Maxwell
À la casquette d'osier
Tressée de coquillages
Des rivages de Cuba.
Entre les briques
De Green Street,
On le retrouvera
Au pied d'une toile
« Clown d'un soir »,
Sous la vitrine
D'une galerie d'art,
Les ongles sur ses Nike,
Les lèvres dans l'harmonica.
Il est la graine de Blues,
La touche noire
Sur le clavier des blanches,
Ses tatanes sur sa boîte,
Un béret de feutre
Sur le trottoir,
Un gros Akai sur l'estomac.
Il est le bout de fanfare
De South Manhattan.

AU BISTROT D'ÉMILIE

À l'épicerie-bistrot
Où qui sirote Baptiste,
Dans un verre à grenadine,
On cause de vies,
De pluies pi de vignes,
D'absence du fils
Et de ses visites.
Chez la Suzie.
La Virginie
Jaunie de Pastis,
Aussi grosse que'L
Monument historique
Comme i disent,
Fait mine de rire
Ou ben de gémir
À cause d'ampoules
Ou de tendinite,
À cause qu'e vit
Le coude en vrille
Sur le plastic
De formica pourri,
Du bar d'Émilie
Toute sa vie...

THE MAN I LOVE

Monk
Écrase
Les noires
Sur le sillon
Du piano
Du Bronx.

Fusion !

Une goutte
De sueur
Coule
Sur une blanche
Et flop
Sur le si be mol
L'accord
Du Be-bop.

Entre les temps
Morts
Dans le silence
Du Minton's,
Monk
« The soul »
Blues
« The man I love »
En solo,
Cool
Genious !

SUR UN TROTTOIR DU HAVRE

Il est assis
Ce soir d'hiver
Sous le réverbère.
La neige bleue
Tombe
Et découpe
Les cicatrices
De ses souvenirs.
De son nez
Usé
Coule
Dans son ballon
De rouge
Une goutte,
De dimanche soir.
Sur les quais
Du Havre,
Il est l'âme
Du trottoir.
Recouvert
D'affiche
Et de journal
Il est le pion
De bois noir
Sur la case
Blanche
du jeu…
D'échec !

INSTANTS

À ELLE, SOURCE DE MON HISTOIRE (À MA MÈRE)

Je lui parle et dévisage,
Dans mes nuits et mes étoiles
Les signes d'un au-delà si vaste
Qu'elle s'éloigne si je m'en détache.

Alors là, comme inséparable,
Ma mémoire file au large
Et la vague noue à ma barque
Un amas de tracas et de joie.

Doucement en approchant mes nuages
Elle accompagne puis prend en charge,
Ou bien soulage ce qui accable
Et dont le poids parfois écrase.

Quel souvenir que son départ
Dans le couloir de l'hôpital.
Et le secret qu'elle me renvoie,
C'est qu'avec moi, on était trois.

Dans l'isoloir, sous les draps,
Je la retrouve dans mes voyages.
Elle est la source de mon histoire
Auprès de moi, ou bien là-bas…

MOMENTS SIMPLES
(À MONIQUE)

Un besoin d'arbres
De bouts de rondins
Un jour de juin
Sous un nuage
Près des feuillages.
Et puis ça passe
Entre des vagues
D'odeurs de mare
De vase ou de bois.
Et toi, tu es là-bas
Sous le vieux chêne
Qui t'accompagne
Dans nos voyages.
Mélange dans l'âme
On jette le pain,
Il va au loin
Au nez d'une carpe.
L'hiver le froid
Retient la main
Comme Si le vent
Prenait le bras.
Puis on s'éloigne
Et on se souvient
Des moments simples
De notre histoire.

SI J'ÉTAIS L'HIVER

Si j'étais l'hiver
Je peindrais le vent
De gouttes de jaune
Pour faire fondre le givre
Sur les sarments de vigne.
J'écourterais la sieste
Des morses du Pôle Nord
Et je glisserais des sucres
Dans les verres
De Muscadet
De ceux qui somnolent
Dans leurs mains, sur les zincs.
Je découperais
Les matins de printemps
Des bords de l'Aubance
Pour en offrir
Au-delà du Golf-Stream
Sur les flancs de l'Islande
Et je réchaufferais
De gouttes d'huile
D 'Andalousie
Les os qui rouillent
De fatigue
Avant le temps
Avant le printemps

À SERGIO

Des corps
Tu décroches
Puis l'écorce
Tu encoches
Et les cœurs
Tu raccroches.
Tu troques
Les corps
De tes toiles
Contre les troncs
De Loire :
Bois
De l'au-delà
Mouillés
Dans les Boéres.
Bois torturés
Et las,
Noirs
De trop boire
La vase
Et l'eau de là.

NUITS DU MONDE

Mes yeux dorment
Dans les nuits du monde
Et des voiles m'emmènent
Dans les secrets
De mes couleurs.
Déserts rouges
Nuits bleues
Jours jaunes
Voyages sans chemin.
Avec mes plumes
Et mes plombs
Je passe écluses
Et moulins.
J'ai des parcelles
Et des comptoirs
Des bancs
Où jc m'assieds,
Près de rizières
De rêve
Brodées
De lune
Et de soleil.

À PHILIPPE MICHEL, HOMME DE PUB

Homme de tube,
Bête de Pub,
Philippe a filé,
Il a mis ses ailes
Pour de vrai
Son cœur parlait fort.
Fatigué,
Il s'est cassé.
Tout s'est arrêté
Sur son île
Sans scénario,
À Bonifacio
Au mois d'août,
D'un seul coup.
Eh oui Philippe !
On t'appelait
Sur l'autre parcelle
Plus confidentielle,
Plus éternelle.
Homme d'intrigue,
Tu voulais élargir les vies
De cœur et de fric,
Faire de nos vêtements
Une œuvre pour enfants,
Autour de la nappe blanche,
Tous les trois à Paris,
Loin du bruit, ce soir-là
À minuit.
Mais tu es parti

Au début des vagues,
Au bout de la terre,
Revivre un film
inédit
Hors série.

CRASH SUR LE MONT SAINTE-ODILE

Il est trop tard
Pour ce voyage,
L'avion est là.
Sur les débris
De leur douleur
Il pleut des larmes.
Eux sont là-haut,
Ou bien en bas,
Blancs de mort,
Le corps cassé,
Comme des poupées
De porcelaine.
D'autres sont
Cachés
Dans la tombe
Que le crash
A creusé.
Tous s'en sont allés
Pour un autre voyage
Sans brouillard,
Sans radar,
Là-bas, là-haut.
Ils étaient soixante-quatre.

À LAURENCE
OU BIEN RAPHAËLLE

Tes cheveux
Se battaient
Ce matin-là
Dans les lanières
De ton cartable.
Et tandis que tu claquais
La portière,
Un bout de câlin
A jailli
De tes soleils,
Étincelles
De lumière.
Comme un coquillage,
Timide,
Tu cliquetais
De tes paupières
Des parenthèses
De réveil
Et moi je guettais
Dans ta bouille
D'amour
La petite goutte
De tendresse
Qui coula
Sur le siège.

TABLE DES MATIÈRES

Première partie 7

Non-stop en stop USA-Canada-Mexique . . . 11
L'Amérique sans fric 45

Deuxième partie 73

Premières lettres d'Accra et de Kumasi
de Paul et Monique, *mars à septembre 1970* . . . 77

Retour de Monique en France pour quelques
semaines de repos : Lettres d'Accra de Paul à
Monique, *mars à avril 1971* 89

Après le retour de Monique en mai,
en janvier 1972, c'est le coup d'État, *début 1972* 93

Rapport autre confidentiel sur la situation exacte
du Ghana après le coup d'État et les dévaluations 101

Monique a dû rester en France définitivement,
Le Ghana est en pleine tempête,
Lettres de Paul à Monique, *mars 1972* 109

Lettres de Monique à Paul avant la naissance,
mars 1972 117

Dialogue : dernier échange,
la naissance de Catimini... 121

Troisième partie 123

Voyages 127
Portraits 173
Instants 193

Achevé d'imprimer
dans l'Union européenne
pour le compte de
l'àpart
éditions

Dépôt légal : mai 2011